Ein Koch- und Bilderbuch

FRANKFURTER Würstchen

Kristiane Müller-Urban und Horst Baerenz

SOCIETÄTSVERLAG

Umschlaggestaltung: Horst Baerenz und
Jörn Roßberg, Societäts-Verlag, Frankfurt
Satz: Jörn Roßberg, Societäts-Verlag, Frankfurt
Druck und Verarbeitung: freiburger graphische betriebe
Printed in Germany 2003
ISBN 3-7973-0858-2

Inhalt

So e Bratworscht muss indesse
jeder ohne Gawel esse,
nor die rechte Hand und linke
sin als Gawel mit finf Zinke
noch gestatt – und des is gut,
weil sich kaans da steche duht.

Un die Parrer un Soldate,
Mediziner, Advocate,
Owerlehrer und Professer,
Stadtamtmänner und Assesser,
und der ganze Handelsstand
frisst sei Wörschtsche aus der Hand.

Un die Ratsherrn und die Richter
un die Mahler und die Dichter,
Komponiste, Journaliste,
Apotheker un Drogiste,
und Student und Komedjant
frisst sei Wörschtsche aus der Hand.

So dichtete im 19. Jahrhundert Friedrich Stoltze,
Frankfurts beliebter Mundartdichter

Von der allerfeinsten Wurst aus Frankfurt

Schlank, goldbraun und glänzend und immer paarweise treten sie auf, die echten Frankfurter Würstchen aus bestem Schweinefleisch, kurz abgebrüht und mild geräuchert. Für den echten Genuss sorgen frisch geriebener Meerrettich oder mittelscharfer Senf. Frankfurter essen diese Würstchen aus der Hand. Wenn sie jedoch ein leckeres Süppchen bereichern, wenn sie sich zwischen Tomatenachteln, Gurkenrädchen und Käsestreifen in einer Salatschüssel tummeln, wenn sie aufgespießt und eingewickelt daher kommen, dann darf der Feinschmecker zu Messer, Gabel und Löffel greifen.

In diesem Buch finden Sie klassische Gerichte mit dem berühmten Frankfurter Pärchen wie die echte Frankfurter Kartoffelsuppe, Frankfurter Wurstsalat, Frankfurter im Schlafrock. Ich bin mit dem abgebrühten Pärchen um die halbe Welt gereist und habe beobachtet, wie es sich in der südeuropäischen und asiatischen Küche benimmt. Ich schipperte mit unseren schlanken Kerlchen über den Atlantik und habe dort in der Neuen Welt kulinarische Köstlichkeiten kennen gelernt, für die die echten Frankfurter Würstchen einfach unentbehrlich sind.

So entdecken Sie, verehrte Leserin, geehrter Leser, in diesem Buch die glückliche Frankfurter Vereinigung mit Rucola und Rosmarin, mit Pasta und Pizza, mit Ingwer und Chillies, mit Reis und Mais. Echte Frankfurter Würstchen verstecken sich hinter Reispapier und Tortillas. Ach, was habe ich gerollt und gefüllt, gewürzt und geschmeckt, andere haben probiert und keinen Krümel auf dem Teller für meinen Kater Fritz übrig gelassen. Manches Gericht habe ich allerdings auch für nicht würdig empfunden, in diesem Buch aufgenommen zu werden. Oder würden Sie Sushi mit Frankfurter Würstchen essen?

Schon beim Kochen, vor dem Essen, zwischen zwei Bissen und manchmal auch nach dem Mahl hat Horst mit flinker Feder meine kulinarischen Sensationen und seine Inspirationen aufs Papier gebannt, auf dass für die geneigte Leserin und den geneigten Leser sich zu dem lukullischen ein kunst- und humorvoller Genuss geselle.

Bevor die Leserin, der Leser jetzt nach einem leckeren Rezept Ausschau halten, hier noch ein Rezept aus früherer Zeit: Für Kartoffeln nach Frankfurter Art werden gekochte Pellkartoffeln in Scheiben geschnitten. Reichlich fein gewürfelte Zwiebeln in Butter anschwitzen, etwas Mehl darüber stäuben und mit heißer Fleischbrühe zu einer sämigen Soße verrühren. Mit Salz und Pfeffer abschmecken und in Scheiben geschnittene Frankfurter Würstchen und Kartoffeln darin erhitzen. Zum Schluss mit reichlich frisch gehackter Petersilie bestreuen.

Wir wünschen allen Genießern viel Spass beim Schauen, Lesen, Kochen und einen guten Appetit beim Essen

Ihre Kristiane Müller-Urban
und Ihr Horst Baerenz

Frankfurter Worschtquartier

Die Frankfurter haben schon immer gewusst, was gut schmeckt. Und sie waren mit den Zutaten nie knauserig. Nie wurde so gut gegessen, wie hier in der Stadt am Main: „Der Ueberfluss der Natur, der sich in Frankfurt concentriert, das in dieser Concentration mit Paris wetteifern kann, reicht an alle bedeutenden Städte des Rheins und Mains, aber die raffinierte Anwendung dieses Ueberflusses verstehen nur die Frankfurter Gastwirthe..." So schwärmte 1840 Eduard Beurmann. Der hohen Frankfurter Kochkunst verdanken wir so Köstliches wie den raffinierten Frankfurter Kranz aus Butter, Zucker, Eiern und Krokant, die gehaltvollen Brenten und Bethmännchen aus Mandeln und Zucker. Zur guten Frankfurter Küche gehören auch die grüne Soße, der Handkäs mit Musik, das Kraut mit Schäufelchen oder Solber. Und natürlich die echten Frankfurter Würstchen – berühmt und begehrt in aller Welt.

Die Frankfurter Bratwurst hat beim Volk von altersher eine bedeutende Rolle gespielt. So ist überliefert, dass bei einem „Freyschießen" 1705 an einem einzigen Tag über 1000 Würstchen verkauft wurden, was für die damalige Bevölkerungsdichte eine riesige Menge war.

Es war genau am 8. September 1859, als Balthasar Hartmann in der Allerheiligengasse 61 die erste Schweinemetzgerei der Stadt außerhalb des Worschtquartiers eröffnete, und zwar noch vor Ergehen eines Senatsbeschlusses, der es den Metzgern erlaubte, neben ihrer Schirn außerhalb des Wurstquartiers einen Laden zu besitzen. Das war insofern etwas Besonderes, weil die Frankfurter Bürger nur in der Altstadt, in den engen Gassen zwischen Römerberg und Dom, Fleisch und Wurst kaufen durften. Die wichtigsten Gassen in diesem Metzgerviertel, vom Volksmund als Worschtquartier bezeichnet, hießen Schlachthausgasse, Metzgergasse und Lange Schirn. Hier verkauften die Metzger aus ihren offenen Verkaufsständen, den Schirnen, das frisch geschlachtete Fleisch und ihre selbst hergestellte Wurst. Und hier im Worschtquartier wurden von den Schweinemetzgern die Frankfurter Leckerbissen hergestellt: Fleischwurst, Gelbwurst und hier stand auch die Wiege der Frankfurter Würstchen. Mit Beginn der Gewerbefreiheit am 1. Mai 1864 zogen zuerst die Schweinemetzger vom Worschtquartier in die Straßen Frankfurts, die Ochsen- und Hammelmetzger folgten.

Metzger war und ist ein angesehener Beruf. Wer einst Metzger werden wollte, musste zehn Jahre in Frankfurt gelernt haben, er musste ehelich geboren sein und über einen guten Leumund verfügen. Und er brauchte viel Geld, um sich eine Schirn kaufen zu können. Denn nur wer über eine Schirn im Metzgerviertel verfügte, durfte auch Fleisch und Wurst verkaufen. Die Achtung der Metzger kam auch darin zum Ausdruck, dass die Kaiser des ersten Deutschen Reichs auf ihrem Weg von der Wahlkapelle im Kaiserdom zum Kaisersaal im Römer an den Schirnen inne hielten, um aus dem Kaiserbecher den Willkommentrunk des Metzgerhandwerks zu empfangen.

1986 wurde am Römerberg, in der Altstadt Frankfurts, die Schirn Kunsthalle eröffnet. Ihren Namen verdankt sie den mittelalterlichen Schirnen, den Fleischbänken der Metzger, die hier bis 1944, als Frankfurt im Bombenhagel in Schutt und Asche fiel, Fleisch und Wurst verkauften. In den großzügigen Räumen der Schirn Kunsthalle mit der langgestreckten, zweiteiligen Galerie, einem tonnenschweren Gewölbe und einem kleinen trapezförmigen Kabinett, die alle um eine zentrale Rotunde angeordnet sind, finden viel beachtete Kunstausstellungen und kulturelle Veranstaltungen statt.

Es begann mit einer Bratwurst

Der genaue Geburtstag der Frankfurter Würstchen liegt im Dunkeln. Es ist überliefert, dass die Wurst schon im 15. Jahrhundert bekannt war. Allerdings wurde das Frankfurter Würstchen zunächst als Bratwurst geboren. Und lange Zeit aßen die Frankfurter ihre Frankfurter Bratwurst. Das Innere dieser Wurst war nämlich nicht so fein wie heute, sondern bestand aus grobem Brät. Während der Frankfurter lange Zeit nach „Worscht", „Werschtscher" oder „derr Bratworscht" verlangte, waren es wohl Auswärtige, die den Ausdruck „Frankfurter Würstchen" für die leckere Wurst aus der Mainstadt prägten.

Wie sehr die Frankfurter ihre saftige, also fette Bratwurst liebten, davon berichtet die Erzählung „Siggaa" von Johann Jacobus Fries, in der der Ekonom Vincenz Molkworf seinem Arzt beichtet: „Ei no, Doctor, ich hab erscht drei Schoppe sieße Aeppelwei getrunke, un zwaa von dene neue frankforter Bratwerscht dazu gesse, verstehn Se, von dene scheene saftige!"

Das Frankfurter Krönungswürstchen

Chronisten berichten uns, dass Würstchen auch bei den Frankfurter Kaiserkrönungen verzehrt wurden. Weshalb die geschäftstüchtigen Frankfurter Metzger ihre Würste verkaufsfördernd Krönungswürste nannten. Der große Dichter Johann Wolfgang von Goethe berichtet in „Dichtung und Wahrheit", wie der Krönungsbotschafter Esterhazy anlässlich der Krönungsfeier für Joseph II. Wurst und Brot an das Volk verteilte. Wahrscheinlich waren es Frankfurter Würstchen.

In der Mitte des 18. Jahrhunderts wurde zum ersten Mal eine Rezeptur der Würstchen aus Frankfurt beschrieben: „Nehme das Fleisch von den vorderen Schenkeln des Schweines oder sonst das zarteste Fleisch und koche es mit beliebigem Speck klein, thue es in eine tiefe Schüssel. Würze es mit Muskatnuss, Muskatblüth, Salz, Pfeffer, Thymian und Majoran, auch wann´s beliebt mit Coriander." Diese Würste wurden bis zu Beginn des 19. Jahrhunderts ausschließlich gebraten.

In der napoleonischen Zeit sollen nach der Überlieferung Bratwürste in Frankfurt in großen Mengen hergestellt worden sein. Frische und geräucherte Frankfurter Würstchen wurden den durchziehenden französischen Truppen – 1813 waren es allein in den ersten neun Monaten des Jahres 340 000 Mann – als Marschverpflegung mitgegeben.

Ein Würstchen erobert die Welt

Der gute Geschmack der Frankfurter Würstchen sprach sich schnell herum. Zu Beginn des 19. Jahrhunderts servierte man in großen nationalen und internationalen Hotels als Gaumenkitzler kleine Stückchen von Frankfurter Bratwürstchen auf edlen Tellern zu den sanften Klängen anmutiger Tafelmusik. Auch in den fürstlichen Häusern, in Luxuszügen, auf Ozeanriesen oder später in den vornehmen Salons der Zeppeline genossen die Gäste Frankfurter Würstchen – der Siegeszug der „Frankfurter" war nicht mehr aufzuhalten. Als Fürst Bismarck 1884 in Frankfurt weilte, verlangte er jeden Morgen zum Frühstück eine große Schüssel mit Frankfurter Würstchen.

Der Hamburger Eduard Beurmann, von dem schon weiter oben die Rede war, spendete in den „Frankfurter Blättern" von 1835 den Bratwürsten höchstes Lob: „Die Frankfurter Bratwürste haben sich das Weltbürgerrecht erworben! Werden einmal die Frankfurter einen Platz ausfindig gemacht haben, wo sie ihrem großen Landsmann (Goethe) ein Denkmal setzen können, so rate ich ihnen, ein Dutzend geräucherte Bratwürste unter das Piedestal desselben zu legen."

Gegen Ende des 19. Jahrhunderts wurden Wurstmasse und Därme feiner und die Wurst wurde anschließend mild geräuchert. In Aussehen und Geschmack ähnelten diese Würstchen wahrscheinlich schon den heutigen Frankfurter Würstchen. Den endgültigen und internationalen Durchbruch der Frankfurter Würstchen brachte die moderne Konservierungstechnik, denn nun konnten die feinen Pärchen das ganze Jahr über hergestellt und gut verpackt in Dosen in alle Welt verschickt werden.

Der Siegeszug durch die Neue Welt begann, als 1883 die „Frankfurter Wurst" in Chicago auf der Weltausstellung die höchste Auszeichnung erhielt. Fortan gab es überall erste Preise, goldene Medaillen und andere Ehrungen: 1894 in Dresden, 1895 in San Francisco und Frankfurt, 1900 in Paris und Frankfurt.

Die Frankfurter Würstchen dürfen nur im Frankfurter Wirtschaftsraum hergestellt werden. Sie bestehen aus bestem entsehnten Schweinefleisch und frischem Speck ohne Bindemittel. Diese hochwertigen Würstchen werden im Natursaitling paarweise sorgfältig nach traditionellem Rezept geräuchert und in Folie, Dosen oder Gläser verpackt. Im Frankfurter Wirtschaftsraum werden die Würstchen auch lose verkauft. Sie werden in siedendem, nicht kochendem Wasser 5 bis 8 Minuten erhitzt. Dosenware sollte nie in der Lake erhitzt werden, weil sie dann salzscharf schmeckt.

Nach der Weltausstellung in Chicago wurden Hunderttausende von Frankfurter Würstchen in Dosen nach Übersee geliefert. Kamele trugen die würzige Last durch die Wüsten von Afrika und Asien zu ihrem Bestimmungsort. Für den Kamelversand kam jemand auf den Gedanken, die Würstchen in viereckigen Dosen zu verpacken. Aber bald stellte sich heraus, dass die runden Dosen auch für den Kameltransport besser geeignet waren.

Damit die Feinschmecker in anderen deutschen Städten auch in den Genuss frischer Frankfurter Würstchen kamen, bedienten sich die Metzger mitunter unkonventioneller Methoden: So pflegte Metzger Lenhardt seine frischen Frankfurter Würstchen einem Lokomotivführer am Bahnhof mitzugeben, die dieser am Ankunftsort angekommen, sofort in ein Hamburger Hotel brachte.

Die Würstchen schmecken auch kalt sehr gut und können klein geschnitten mit viel Gefühl bei mittlerer Hitze gebraten werden.

Wie das Frankfurter Würstchen zum Wienerle wurde

Nachdem Johann Georg Lahner in Frankfurt seine Metzgerlehre beendet hatte, zog es ihn in die Kaiserstadt Wien an der Donau. Erst als ihm eine reiche Baronin einen Kredit einräumte, mit dem er eine Selcherei aufbaute, stellte er 1805 die ersten „Frankfurter Würstl“ her. Für die Wiener war dieser Genuss neu und sie liebten diese Wiener „Frankfurter Würstl“, die bald zum täglichen Frühstück gehörten. Kaiser Franz Joseph mochte die leckeren Würstchen und machte sie in Wien hoffähig. Und es dauerte nicht lange, da fanden die „Wiener Würstl“ in der ganzen Welt Anklang.

Wiener Würstchen darf jeder Metzger heute selber herstellen. Sie bestehen aus Schweine- und Rindfleisch, Speck und verschiedenen Gewürzen. Anschließend werden sie geräuchert. Mal sind sie lang und schmal, mal kurz und pummelig, mal schmecken sie gut, mal würzig, mal fad. Probieren Sie, bis Sie einen Metzger gefunden haben, der die leckersten Wiener Würstchen macht.

Die echten Frankfurter Würstchen kommen aus Neu-Isenburg

Der Schweinemetzger Georg Adam Müller gründete 1860 in Neu-Isenburg die erste Wurstfabrik. Da die Frankfurter damals nur die echten Frankfurter Bratwürste verlangten, verkaufte Müller zunächst seine Würste unter einer Frankfurter Deckadresse. Ein paar Jahre später stellte auch Wilhelm Luft in Neu-Isenburg Frankfurter Würstchen her, die über den Frankfurter Feinkosthandel Türk & Papst vertrieben wurden. Es folgte zu Beginn des 20. Jahrhunderts Hans Wirth, dessen Firma seit nunmehr 100 Jahren ebenfalls echte Frankfurter Würstchen herstellt.

Frankfurter durften damals Fleisch und Wurst nur in der Altstadt kaufen. Wer Fleisch und Wurst außerhalb der Stadtmauern erwarb, musste an den Stadttoren Zoll bezahlen. Und davor wollten sich die Bürger natürlich drücken. So versteckten die Frauen Wurst, Kalbskotelett und Lammkeule gern unter ihren weiten Röcken. Selten wurden die unschuldig dreinschauenden Damen von den Ordnungshütern kontrolliert.

Heute werden die Frankfurter Würstchen auch wieder in Frankfurt am Main hergestellt, und zwar von der Firma Brandenburg, die auch ein Werk in Dreieich betreibt.

Frankfurter Würstchen – nur echt mit Brief und Siegel

Nach dem Siegeszug der Frankfurter Würstchen machten sich in anderen Städten und Ländern die Metzger daran, ein ebenso leckeres Würstchen herzustellen. Obwohl schon Anfang des 20. Jahrhunderts eine amerikanische Bestimmung besagte, dass ein Frankfurter Würstchen nur aus dem Wirtschaftsraum Frankfurt am Main kommen dürfe. Als dann noch die Pferdemetzger Würstchen mit der Bezeichung „Frankfurter“ auf den Markt brachten, verbündeten sich die Hersteller der Original Frankfurter Würstchen. Doch die Gegner suchten immer wieder nach Beweisen und behaupteten eines Tages sogar, dass die Frankfurter Würstchen von einem Metzger namens Frankfurter erfunden worden waren. Aber es half nichts. 1929 beschloss das Kammergericht in Berlin mit Brief und Siegel, dass „Frankfurter Würstchen“ eine Herkunftsbezeichnung ist. Deshalb dürfen nur im Frankfurter Wirtschaftsraum Frankfurter Würstchen hergestellt werden. Dafür gab´s einen amtlichen Stempel. Und 1955 wurde dieses Urteil noch einmal bestätigt, vorausgesetzt, die Metzger halten die strengen Vorschriften für Zusammensetzung und Verarbeitung der leckeren Pärchen ein. Und so kommen auch heute die echten Frankfurter Würstchen aus Frankfurt und Dreieich von der Firma Brandenburg und Neu-Isenburg von den Firmen Wirth und Müller. Im Frankfurter Wirtschaftsraum darf jeder Metzger, der sich an die Richtlinien hält, Frankfurter Würstchen herstellen und sie in seinem Geschäft verkaufen.

Der Unmut der Frankfurter Metzger, dass woanders auch Frankfurter Würstchen hergestellt wurden, zeigt sich in diesen alten Versen (entdeckt in den „Frankfurter Nachrichten" vom November 1927):

Die Trommel ruft, der Kriegsruf gellt,
erstaunt ganz Frankfort horcht,
die Metzger-Innung zieht ins Feld,
„Jetzo geht es um die Worscht".

Die ächte Frankforter for uns!
Zu lang ham mer gekuscht,
unn zugeguckt, wie Hinz und Kunz
ins Handwerk uns gepuscht!

In Amsterdam, Paris unn Wien,
in Rotterdam unn uff Sylt,
korz, wo nor steht a Worschtmaschin
wird „Frankforter" gefüllt!
...
Den Zustand hawwe mer jetzt satt,
jetzt wird defor gesorgt,
dass kääner mehr der Vadderstadt
ihr´n gute Name borgt!
...

Macht sonst nor Worscht, so viel ihr kennt,
des geht uns gar nix aan,
was „Echte Frankforter" mer nennt,
die mache mir allaa!

Drumm uff zum Kampf, die Fahne fliegt,
fließt Blut, dann es uns wohl,
mir wanke net, bis mer gesiegt,
um Frankforts Monopol!

Die dicke Schwester – Rindswurst von Gref-Völsing

Früher verbot die Zunftordnung den Metzgern, Tiere verschiedener Arten zu schlachten und zu verarbeiten. Entweder man schlachtete Schweine, Ochsen oder Schafe. Nachdem Frankfurter Schweinemetzger das köstlich knackende Frankfurter Würstchen kreiert hatten, experimentierten die Ochsenmetzger so lange, bis es auch ihnen gelungen war, eine köstlich knackende Wurst aus Rindfleisch herzustellen. Der Erfolg stellte sich aber erst ein, als die Ochsenmetzger die Verarbeitung ihrer jüdischen Kollegen befolgten. Frankfurter Rindswurst wurde ein Verkaufsschlager bei Frankfurter Juden und anderen Frankfurter Bürgern.

Seit über 100 Jahren stellt Gref-Völsing Rindswurst in Frankfurt am Main her; sie wurde anlässlich einer Kochausstellung 1905 in Frankfurt und 1908 in Wien mit jeweils einer Goldmedaille ausgezeichnet. 1913 entstand in der Hanauer Landstraße 132 das Wohn- und Geschäftshaus, in dem heute noch die köstlich knackende Frankfurter Rindswurst hergestellt und verkauft wird.

Nicht nur die Menschen, die in der Hanauer Landstraße wohnen oder arbeiten, genießen das morgendliche oder mittägliche Essen bei Gref-Völsing. Das klassische Gedeck besteht aus einer Tasse Rindsbrühe, Rindswurst mit Senf und krossem Wasserweck. Ebenso gut schmecken natürlich die Weißwürste mit Laugenbrezel, Solber mit Kraut und die vielen anderen Köstlichkeiten aus Gref-Völsings Küche.

Die Frankfurter Rindswurst besteht aus reinem Rindfleisch und wird besonders gern von den jüdischen und muslimischen Bürgern gekauft, die Schweinefleisch vermeiden. Deshalb findet man auf mancher Rindswurstverpackung auch Hinweise in türkischer Sprache. Rindswurst wird in siedendem, nicht kochendem Wasser 8 bis 10 Minuten erhitzt.

Es muss ein genussfreudiger Frankfurter gewesen sein, der seinen Wunsch in den folgenden Reim fasste:

Wenn's Sauerkraut regnet,
und Rindswürstchen schneit,
so wünsch ich vom Herrgott,
dass's Wetter so bleibt.

Klein und fein: Leckeres für zwischendurch und vorneweg

Ein kleiner Imbiss, eine würzige Zwischenmahlzeit, ein feines sättigendes Mahl für kalorienbewusste Schlemmer, wenn dazu ein knuspriges Brötchen oder eine Laugenbrezel gereicht wird. Ebbelwei im gerippten Glas gehört natürlich dazu.

Frankfurter Wurstsalat

Für 4 Portionen

3 Paar Frankfurter Würstchen • 2 Frühlingszwiebeln • 1 kleiner rotschaliger Apfel • 1 Gewürzgurke • 2 EL kleine Kapern • 2 EL Sonnenblumenöl • 1 EL Apfelessig • 1 EL Ebbelwei oder Apfelsaft • 1 TL geriebener Meerrettich • Salz • weißer Pfeffer • Zucker • 2 EL grob gehackte Petersilie

Die Würstchen in schmale Scheiben schneiden. Den hellen Teil der Lauchzwiebeln ebenfalls in feine Scheiben schneiden. Den Apfel waschen, vierteln und entkernen. Die Apfelviertel anschließend quer in dünne Scheibchen hobeln. Die Gewürzgurke fein würfeln. Wurstscheiben, Lauchzwiebeln, Apfelscheibchen, Gurkenwürfel und Kapern in einer Schüssel mischen.

Für das Dressing in einer kleinen Schüssel das Sonnenblumenöl mit Apfelessig, Ebbelwei oder Apfelsaft und geriebenem Meerrettich cremig rühren. Über die Salatzutaten gießen und mischen. Mit Salz, frisch gemahlenem Pfeffer und ein wenig Zucker abschmecken. Den Salat 15 Minuten durchziehen lassen. Zum Schluss die gehackte Petersilie darüber streuen.

Endlich eine hessische Alternative zum beliebten italienischen Salatteller mit Schinken, Tunfisch und hart gekochtem Ei. Wer von Freunden zu einer Grillparty geladen wird, sollte die Gastgeber und ihre Gäste mit diesem ausgefallenen Salat überraschen.

Frankfurter Sommersalat

Für 4 bis 6 Portionen

3 bis 4 Paar Frankfurter Würstchen • 1 EL Butter • 5 EL Olivenöl • 1 Rosmarinzweig • 1 TL frische Thymianblättchen • 4 Schalotten • 2 bis 3 EL Rotweinessig • weißer Pfeffer • 500 g grüner Spargel • Salz • Zucker • 1 großer reifer Pfirsich • 100 g Kirschtomaten • 100 g Salatgurke • 1 Kopf Lollo rosso • 4 große Borretschblätter • 1 Handvoll Kapuzinerkresseblüten oder Gänseblümchen

Die Würstchen sehr schräg in dünne Scheiben schneiden. Die Butter mit einem Esslöffel Olivenöl erhitzen und den Rosmarinzweig darin kurz rösten. Die Wurstscheiben hinzufügen und goldgelb braten. Den Rosmarinzweig entfernen. Die Wurstscheiben auf einem Teller mit den Thymianblättchen bestreuen und mit Alufolie abdecken.

Die Schalotten abziehen und in feine Ringe schneiden. Das restliche Öl in die Pfanne gießen. Die Schalotten darin 2 bis 3 Minuten schmoren. Die Wurstscheiben und den Rotweinessig einrühren. Mit frisch gemahlenem Pfeffer abschmecken.

Den Spargel am unteren Drittel schälen, holzige Enden abbrechen und die Stangen in mundgerechte Stücke schneiden. In Salzwasser mit einer Prise Zucker bissfest garen. Abgießen und etwas Spargelsud auffangen. Den Pfirsich halbieren, schälen, entkernen und würfeln. Tomaten und das Stück Gurke waschen, Stielansätze der Tomaten wegschneiden. Tomaten halbieren, die Salatgurke in dünne Scheiben hobeln. Den Lollo rosso putzen, waschen und gut abtropfen lassen.

Die Salatblätter auf eine große Platte legen. Spargel, Tomaten, Gurke und Pfirsich darüber legen. Borretschblätter in dünne Streifen schneiden und darüber streuen. Die lauwarmen Würstchen und das lauwarme Dressing mit etwas Spargelsud mischen, mit Salz abschmecken und über die Salatzutaten gießen. Zum Schluss mit einige Blüten bestreuen, die natürlich essbar sind.

Die grüne Soße ist ein Frankfurter Nationalgericht. Sie wird mit Salzkartoffeln oder Pellkartoffeln serviert, und manchmal gibt es dazu auch gekochtes Rindfleisch oder gedünsteten oder gebratenen Fisch. Als ich meiner Familie am Karfreitag einen gemischten Salat mit einem Dressing aus grüner Soße auftischte, bestanden sie darauf, dass dieses Rezept in meinem Frankfurter-Würstchen-Buch veröffentlicht wird.

Offenbacher Salatschüssel mit Grüne-Soße-Dressing

Für 6 bis 8 Portionen

200 g Zuckererbsen • Salz • Zucker • 500 g junger Blattspinat • 4 Tomaten • 1 Bund Frühlingszwiebeln • 125 g Emmentaler in Scheiben • 4 Paar Frankfurter Würstchen • 4 bis 5 Eier • 1 Packung grüne Soße • 1 Orange • 1 Zitrone • 6 EL Haselnussöl • 8 EL Ebbelwei, Brühe oder Wasser • schwarzer Pfeffer • 1 EL scharfer Senf

Die Zuckerschoten putzen, waschen und in mundgerechte Stücke schneiden. Anschließend in wenig Salzwasser mit etwas Zucker 5 Minuten garen und abgießen. Den Spinat putzen, gut waschen und abtropfen lassen. Die Stielansätze der Tomaten wegschneiden, die Früchte achteln. Die Frühlingszwiebeln putzen und den weißen und hellgrünen Teil in dünne Ringe schneiden. Den Käse in schmale Streifen schneiden. Die Frankfurter Würstchen schräg in hauchdünne Scheiben schneiden. Alle Zutaten in einer weiten Schüssel mischen.

Die Eier in reichlich Wasser wachsweich kochen, abschrecken, pellen und halbieren. Die grüne Soße putzen, waschen und gut abtropfen lassen. Etwa die Hälfte der Borretsch- und Sauerampferblätter grob geschnitten zum Salat geben. Die restlichen Kräuter fein hacken und mit frisch gepresstem Orangen- und Zitronensaft, Haselnussöl und Ebbelwei, Brühe oder Wasser mischen. Mit Salz, frisch gemahlenem Pfeffer und Senf abschmecken. Die Eier auf den Salat legen und alle Zutaten mit dem Dressing beträufeln.

Salate mit Nudeln und Gemüse sind schnelle und preiswerte Gerichte. Waren früher die Nudelsalate mit Dosengemüse wie Erbsen, Möhren und Champignons auf allen Partys beliebt, sind heute die Nudelsalate raffinierter, aber immer noch begehrt bei Jung und Alt.

Lauwarmer Nudelsalat

Für 4 bis 6 Portionen

5 EL Kürbiskerne • 175 g Spiralnudeln • Salz • 3 Paar Frankfurter Würstchen • 1 Tasse tiefgefrorene Erbsen • 250 g Brokkoliröschen • 150 g Spinatblätter • Muskatnuss • 3 EL Butter • 2 Frühlingszwiebeln • 1 Apfel (Granny Smith) • 1 rote Chilischote • 1 Limette • 4 EL Miracel Whip • 150 g Jogurt • 2 EL Sonnenblumenöl • etwas Apfelessig • weißer Pfeffer • 1/2 TL gehackte frische Rosmarinnadeln

Die Kürbiskerne in einer fettfreien Pfanne leicht rösten. Die Nudeln in 2 Liter Salzwasser nach Packungsaufschrift garen und abgießen. Die Würstchen in siedendem Wasser 5 bis 8 Minuten ziehen lassen. Erbsen, Brokkoliröschen und geputzte Spinatblätter getrennt in wenig Salzwasser garen und abgießen. Das Gemüsewasser auffangen. Das Gemüse mit etwas Salz und frisch geriebener Muskatnuss würzen und mit etwas Butter verfeinern.

Die Frühlingszwiebeln putzen und den hellen Teil sehr klein schneiden. Den Apfel mit Schale fein würfeln. Die Chilischote in feinste Röllchen schneiden, nach Geschmack die scharfen Kerne zuvor entfernen. Die Limette wie einen Apfel schälen und mit einem scharfen Messer die Filets lösen. Die Filets quer einmal durchschneiden. Die Menge der verwendeten Limettenfilets entscheidet Ihr Geschmack.

Für das Dressing Miracel Whip mit Jogurt, Sonnenblumenöl und etwas Apfelessig glatt rühren. Mit Salz und frisch gemahlenem Pfeffer und den Rosmarinnadeln würzen. Die heißen Würstchen in dünne Scheiben schneiden. Alle Zutaten mit dem Dressing in einer Schüssel mischen und 15 Minuten durchziehen lassen. Noch einmal mit Salz und Apfelessig abschmecken und nach Bedarf etwas Gemüsekochwasser dazu gießen.

Was die Hessen Musik nennen, heißt bei Zugereisten Marinade mit gehackten Zwiebeln. Diese Musik ist weit über die hessischen Grenzen hinaus bekannt und begleitet den beliebten Stinker, den kalorienarmen Handkäs. Wie gut die Musik zu Frankfurter Würstchen passt, zeigt dieses Rezept.

Frankfurter Würstchen mit Musik

Für 4 Portionen

2 EL Sonnenblumenkerne • 4 Paar Frankfurter Würstchen • 2 bis 3 Schalotten • 6 EL Sonnenblumenöl • 2 bis 3 EL Rotweinessig • 2 EL Ebbelwei oder herber Cidre • 1 EL mittelscharfer Senf • Salz • weißer Pfeffer • Zucker • 1 Bund Schnittlauch • 4 Wasserweck

Die Sonnenblumenkerne in einer fettfreien Pfanne rösten, bis sie duften. Die Frankfurter Würstchen in siedendem Wasser 5 bis 8 Minuten ziehen lassen. Die Schalotten abziehen und sehr fein würfeln. Das Sonnenblumenöl mit Rotweinessig, Ebbelwei oder Cidre und Senf cremig rühren. Das Dressing mit Salz, frisch gemahlenem Pfeffer und etwas Zucker abschmecken. Die Schalotten einrühren. Den Schnittlauch waschen und in feine Röllchen schneiden.

Die heißen Würstchen auf der Oberseite einige Millimeter tief schräg einschneiden und paarweise auf vorgewärmten Tellern anrichten. Die Musik darüber löffeln und mit Schnittlauch bestreuen. Das knusprige Wasserweck getrennt dazu reichen.

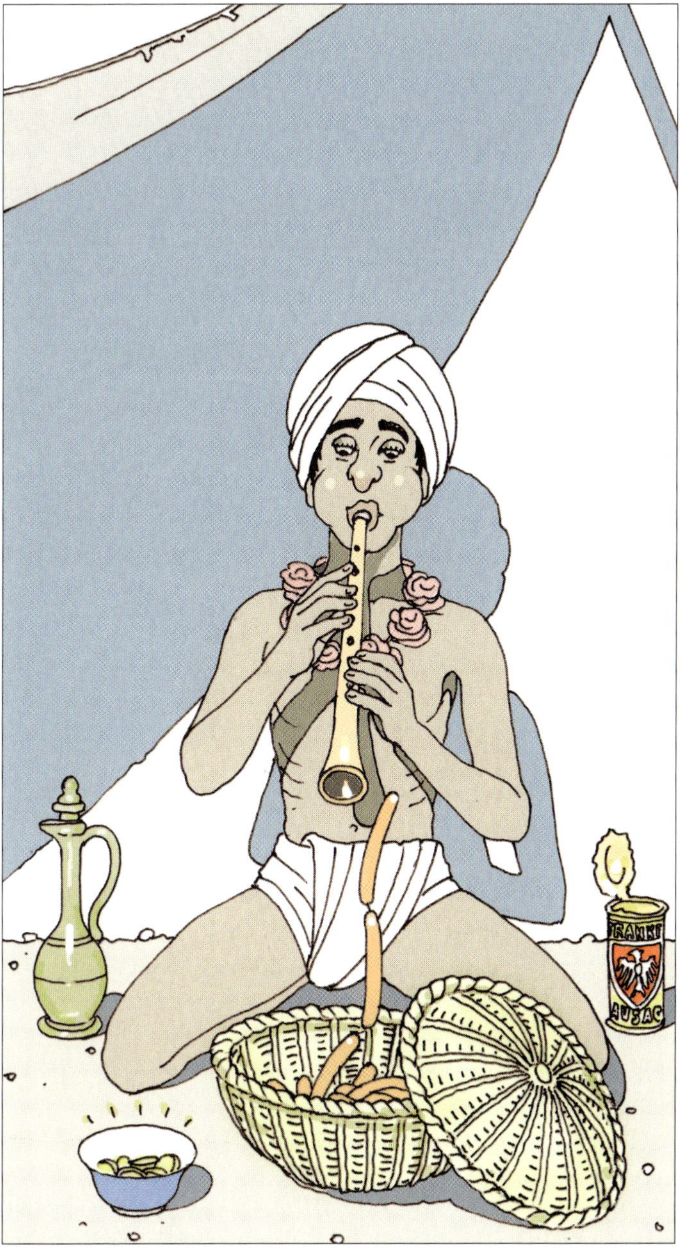

Ein leichter sommerlicher Genuss, der sich gut schon einen Tag im Voraus zubereiten lässt. Das würzige Dressing ist schnell kurz vor dem Servieren gerührt. Wer keine frischen Kräuter zur Hand hat, verwendet stattdessen tiefgefrorene.

Pikante Sülzchen mit Kräutersoße

Für 4 Portionen

1 Ei • 2 Paar Frankfurter Würstchen • 125 g magerer gekochter Schinken in Scheiben • 1 Bund Radieschen • 6 Blatt weiße Gelatine • 800 ml Kalbsfond (Fertigprodukt) • 2 Lorbeerblätter • 2 Thymianzweige • Salz • Tabascosoße • Weißweinessig • Zucker • 300 g Jogurt • 2 EL Zitronensaft • 2 EL Orangensaft • 1 Tasse gemischte gehackte Kräuter (Petersilie, Schnittlauch, Dill, Kerbel, Kresse, Estragon) • etwas süße Sahne oder Milch • 6 Scheiben getoastetes Weißbrot

Das Ei in 8 Minuten hart kochen, abschrecken und pellen. Das Ei mit einem Eierschneider in Scheiben schneiden. Die Frankfurter Würstchen in dünne Scheiben, den gekochten Schinken in etwa 3 Zentimeter große Quadrate schneiden. Die Radieschen putzen, waschen und bis auf 4 Stück grob raspeln.

Die Gelatine in reichlich kaltem Wasser 10 Minuten einweichen. Den Kalbsfond mit den Lorbeerblättern und den Thymianzweigen offen auf etwa die Hälfte einkochen. Die Gewürze entfernen und den Fond sehr kräftig mit Salz, Tabascosoße, Weißweinessig und Zucker abschmecken. Die Gelatine ausdrücken und mit einem Holzlöffel in den warmen Fond einrühren.

In kleine Schälchen (Inhalt etwa 250 Milliliter) oder große Kaffeetassen 5 Millimeter hoch etwas Fond einfüllen und kühl stellen. Auf jeden Spiegel eine Eischeibe legen und ein paar geraspelte Radieschen hinzufügen. Darüber jeweils 1 oder 2 Schinkenquadrate legen und mit etwas Fond angießen. Wieder im Kühlschrank fest werden lassen. Würstchen, Schinken und Radieschen in die Schälchen oder Tassen füllen und mit Fond auffüllen. Mindestens 6 Stunden im Kühlschrank fest werden lassen.

Für die Soße den Jogurt mit den Zitrussäften und den Kräutern verrühren. Das restliche Ei fein würfeln und zum Jogurt geben. Nach Belieben mit etwas Sahne oder Milch mischen. Mit Salz, Tabascosoße und Zucker abschmecken. Die Schälchen oder Tassen kurz in heißes Wasser tauchen und die Sülzchen auf Teller stürzen. Das getoastete Brot einmal durchschneiden und mit der Kräutersoße getrennt dazu reichen.

Alle Zutaten können auch in eine kleine längliche Form (Kastenform aus Glas) geschichtet werden. Dabei bleiben die Würstchen ganz und die zurecht geschnittenen Schinkenscheiben werden direkt über die Würstchen gelegt.

Im Herbst, wenn die Kartoffeln besonders dick und wohlschmeckend sind, sollten diese köstlich gefüllten Knollen als Vorspeise oder kleine Mahlzeit öfter auf den Tisch kommen.

Neu-Isenburger Ofenkartoffeln

Für 4 Portionen

4 dicke Kartoffeln • etwas Öl • 2 Paar Frankfurter Würstchen • 50 g durchwachsener Speck • 1 Zwiebel • 2 Tomaten • 200 g Schmand • Salz • weißer Pfeffer • 2 EL gehackter Dill

Die Kartoffeln waschen, trockenreiben und rundherum mit Öl einreiben. Die Kartoffeln locker in Alufolie wickeln und im Backofen je nach Größe 50 bis 70 Minuten garen.

Währenddessen die Frankfurter Würstchen in dünne Scheiben schneiden. Den Speck fein würfeln und bei milder Hitze knusprig braten. Auf Küchenpapier abtropfen lassen. Die Zwiebel abziehen und fein würfeln. Von den Tomaten die Stielansätze wegschneiden. Die Tomaten kurz in kochendes Wasser tauchen, häuten, entkernen und fein würfeln.

Den Schmand mit den Würstchenscheiben, Speck, Zwiebeln und Tomaten mischen. Mit Salz, frisch gemahlenem Pfeffer und gehacktem Dill würzen.

Die Kartoffeln aus dem Ofen nehmen, die Folie entfernen und die Kartoffeln längs ein-, aber nicht durchschneiden. Jeweils etwas gewürzten Schmand zwischen die Kartoffelhälften geben. Den Rest getrennt dazu reichen.

Kartoffelpuffer mit Apfelmus gehören zu den einfachen, preiswerten und geliebten Gerichten. Besonders Kinder mögen die knusprigen Kartoffeltaler, von denen sie nie genug bekommen können. In der gehobenen Gastronomie sind kleine Kartoffelpüfferchen mit Crème fraîche und Lachs oder Kaviar angesagte Schmankerl. Probieren Sie mal meine Frankfurter Kartoffelpuffer. Einfach köstlich!

Kartoffelpuffer mit Frankfurter Würstchentatar

Für 4 Portionen

500 g fest kochende Kartoffeln • Salz • weißer Pfeffer • 2 Eigelb • 2 EL Schnittlauchröllchen • Butterschmalz zum Braten • 3 Paar Frankfurter Würstchen • 2 Schalotten • 1 Knoblauchzehe • 1 bis 2 EL kleine Kapern • 150 g Schmand • 1 TL Dijonsenf • 1/2 Apfel • etwas Zitronensaft • etwas Honig • 4 EL frische Kerbelblättchen

Die geschälten Kartoffeln grob raspeln und in einem Küchentuch ausdrücken. Die Masse mit Salz, frisch gemahlenem Pfeffer, einem Eigelb und Schnittlauchröllchen mischen. Butterschmalz in einer oder zwei Pfannen erhitzen und aus der Kartoffelmasse 8 Kartoffelpuffer backen.

Die Frankfurter Würstchen in siedendem Wasser 5 Minuten ziehen lassen. Ein Backblech mit Backpapier auslegen. Die Schalotten und den Knoblauch abziehen und fein hacken. Mit den Kapern und dem restlichen Eigelb mischen. Die heißen Würstchen mit einem scharfen Messer mittelfein hacken und mit der Schalotten-Eigelb-Masse verrühren.

Vier Kartoffelpuffer aufs Backblech legen. Das Würstchentatar darauf verteilen und mit den restlichen Puffern abdecken.

Im vorgeheizten Backofen bei 200 Grad auf der mittleren Schiene etwa 10 Minuten backen.

Inzwischen den Schmand mit dem Dijonsenf glatt rühren. Den geschälten Apfel in sehr feine Würfel schneiden und zum Schmand geben. Mit Salz, Pfeffer, Zitronensaft, Honig und Kerbel abschmecken. Den gewürzten Schmand getrennt zu den heißen Doppeldeckern servieren.

Dazu schmeckt ein nussiger Feldsalat mit einem Dressing aus Rapsöl, Apfelessig, Apfelwürfelchen und gerösteten Mandelstiften.

Warum immer Roastbeef- und Camemberthäppchen zum Glas Sekt reichen. Servieren Sie zu den kleinen bunten Wurstspießchen einen würzigen Senfdip und gut gekühlten Apfelsekt, aromatisiert mit Apfeldicksaft. Eine Party, die so lecker beginnt, kann nur ein Erfolg werden.

Cocktailspießchen mit Senfdip

Für 8 Spieße

16 Mini-Frankfurter Würstchen • 1 Glas Honig-Senfgurken • 8 Scheiben Tilsiter • 4 runde Radieschen • 2 EL körniger Senf • 1 EL Dijonsenf • 150 g süße Sahne • Salz • flüssiger Honig • Worcestershiresauce • 1 EL frische Estragonblättchen

Die Würstchen in siedendem Wasser 5 Minuten ziehen lassen. Sechzehn Gurkenwürfel aus dem Glas nehmen und halbieren. Die Käsescheiben und die Radieschen ebenfalls einmal durchschneiden.

Die beiden Senfsorten miteinander mischen. Die Sahne halb steif schlagen und mit dem Senf mischen. Den Dip mit Salz, Honig und einige Tropfen Worcestershiresauce und dem Estragon abschmecken. Nach Bedarf mit etwas Gurkensud cremig rühren.

Die Zutaten wie folgt auf die Spießchen stecken: Gurke, Würstchen, Gurke, aufgerollte Käsescheibe, Gurke, Würstchen, Gurke, aufgerollte Käsescheibe, halbiertes Radieschen. Den Dip getrennt dazu reichen.

Die Spießchen können auch mit kalter Wurst angerichtet werden.

Eine kleine feine Vorspeise, die auch Handkäsfeinde überzeugt, dass dieser kleine Stinker durchaus für die feine Küche geeignet ist. Zusammen mit dem pikanten Salat aus knackigen Radieschen und heißen Frankfurter Würstchen und einer Laugenstange ist dieser Auflauf eine leichte Mahlzeit an heißen Sommertagen.

Handkäsauflauf mit Radieschen-Wurst-Salat

Für 6 Portionen

1 reifer Handkäse • 40 g Butter • 40 g Mehl • 4 Eier (Größe M) • Salz • weißer Pfeffer • gemahlener Kümmel • Butter für die Form • 1 Bund Radieschen • 2 Paar Frankfurter Würstchen • 1 EL Butter • 1 Bund Schnittlauch • 2 EL Apfelessig • 4 EL Keimöl

Den Handkäse sehr fein hacken. Die Butter in einem kleinen Topf zerlassen. Das Mehl auf einmal dazu geben und so lange erhitzen, bis sich am Topfboden ein weißer Belag gebildet hat und der Teig abgebrandt ist. Den Teig in eine Schüssel füllen. Den gehackten Handkäse einrühren. Drei Eier trennen. Die Eigelbe und das ganze Ei nach und nach unter den Brandteig rühren. Die Masse mit Salz, frisch gemahlenem Pfeffer und etwas gemahlenem Kümmel würzen. Das Eiweiß steif schlagen und unter die Masse heben.

Kleine feuerfeste Förmchen mit Butter einfetten und die Masse einfüllen. Im vorgeheizten Backofen bei 160 Grad auf der mittleren Schiene 15 bis 20 Minuten backen. Die Radieschen putzen, waschen und in dünne Scheiben hobeln. Die Würstchen in dünne Scheiben schneiden und in der heißen Butter leicht anbraten. Dann mit den Radieschen mischen.

Den gewaschenen Schnittlauch in Röllchen schneiden und zu den Radieschen geben. Den Apfelessig mit dem Keimöl cremig rühren. Mit Salz und Pfeffer abschmecken. Die kleinen Aufläufe auf Teller stürzen und mit dem Radieschen-Wurst-Salat anrichten.

Äpfel und Würstchen im Schlafrock waren eine beliebte Spezialität in den fünfziger und sechziger Jahren. Das ursprüngliche Rezept wurde von mir verfeinert und hat das altmodische Image vergangener Tage abgelegt. Das Ergebnis sind Würstchen im goldenen Kleid mit einem roten Cape aus aromatischen Tomaten.

Würstchen im Schlafrock mit Tomatenragout

Für 4 Portionen

4 Platten tiefgefrorener Blätterteig • 200 g dunkle Champignons • 2 EL Butter • 1 Schalotte • Salz • 2 EL gehackte Petersilie • 1 Eigelb • 1 Ei • 2 Paar Frankfurter Würstchen • 350 g Tomaten • 1 Knoblauchzehe • 1 EL Olivenöl • 1 Lorbeerblatt • ein paar frische Thymianbättchen • Cayennepfeffer • Zucker

Den Blätterteig 10 Minuten antauen lassen. Dann zwischen Frischhaltefolie oder auf einer leicht bemehlten Arbeitsfläche etwa doppelt so groß zu einem Rechteck ausrollen. Die Teigplatten sollten etwa 5 Zentimeter länger als die Würstchen sein.

Die Champignons putzen, bei Bedarf kurz abspülen und trockentupfen. Die Pilze klein schneiden. Die Butter in einer Pfanne erhitzen und die Pilze hinzufügen. Die Schalotte abziehen und in winzige Würfel schneiden. Zu den Pilzen geben und alles unter Rühren 5 bis 8 Minuten schmoren. Die Pilze mittelfein mit dem Mixstab pürieren. Mit Salz und Petersilie abschmecken.

Das Eigelb mit der warmen Pilzmasse verrühren und vollständig abkühlen lassen. Das Ei trennen, beides getrennt mit einigen Tropfen Wasser verrühren. Ein Backblech mit Backpapier auslegen.

Die Pilzmasse auf die Teigplatten streichen und dabei rundherum einen Rand frei lassen. Die freien Ränder mit dem Eiweiß bestreichen. Jeweils ein Würstchen auf die Teigplatten legen und aufrollen. Die Päckchen mit der Naht nach unten aufs Backblech legen, Enden nach unten schieben. Die Oberfläche mit einer Gabel mehrmals einstechen und mit Eigelb bestreichen. Im vorgeheizten Backofen bei 200 Grad auf der mittleren Schiene in 20 bis 25 Minuten goldgelb backen.

Von den Tomaten den Stielansätze wegschneiden. Die Früchte kurz in kochendes Wasser tauchen, häuten, entkernen und in schmale Streifen schneiden. Die Tomatenkerne und das Tomatenwasser in einem Sieb über einem kleinen Topf abtropfen lassen. Den Knoblauch abziehen und durch die Presse dazudrücken. Das Öl mit Tomaten, Lorbeerblatt und Thymian dazugeben und alles einmal aufkochen. Mit Salz, Cayennepfeffer und Zucker abschmecken. Das Tomatenragout mit den Würstchen im Goldmantel anrichten.

Überbackene Toasts gehören zu den beliebten kleinen Gerichten. Fans von überbackenen Käsetoasts und Toast Hawaii finden hier ein prachtvolles überbackenes Brot, eine kongeniale Verbindung zwischen Italien und Hessen.

Toast Frankfurt

Für 4 Portionen

1 rote Paprikaschote • 1 gelbe Paprikaschote • Salz • 4 große Scheiben toskanisches Weißbrot • etwas Olivenöl • 4 Paar Frankfurter Würstchen • 4 Scheiben Parmaschinken • 400 g Büffel-Mozzarella • 4 Tomatenscheiben • schwarzer Pfeffer • 2 Stängel Basilikum

Die Paprikaschoten halbieren, putzen und die Haut mit einem Sparschäler abziehen. Die Hälften in wenig Salzwasser etwa 10 Minuten bissfest garen. Das Gemüse abgießen und abtropfen lassen.

Die Weißbrotscheiben mit etwas Olivenöl beträufeln und im Backofen bei 200 Grad rösten. Jeweils eine Paprikahälfte auf die Brote legen und kurz im Backofen erwärmen. Die Frankfurter Würstchen in siedendem Wasser 5 bis 8 Minuten ziehen lassen. Die Würstchen paarweise auf die Paprikahälften legen. Mit jeweils einer Scheibe Parmaschinken abdecken.

Den Mozzarella zwischen Küchenpapier leicht ausdrücken und in Scheiben schneiden. Über den Parmaschinken legen und mit jeweils einer Tomatenscheibe krönen. Die Brote im heißen Backofen so lange erhitzen, bis der Käse leicht geschmolzen ist. Mit Salz und frisch gemahlenem Pfeffer würzen und die in Streifen geschnittenen Basilikumblätter darüber streuen.

Als raffiniert, würzig, ausgefallen – eben total genial haben alle Mitesser die folgende Kreation bezeichnet. Dazu passt am besten ein milder Kartoffelsalat, angemacht mit einem leichten Dressing aus Jogurt, etwas süßer Sahne, Zitronensaft, Salz und weißem Pfeffer sowie Schnittlauchröllchen.

Gefüllte Würstchen im Speckmantel

Für 4 Portionen
4 Paar Frankfurter Würstchen • 2 Scheiben Tilsiter • 3 bis 4 Gewürzgurken • 1 grüne Paprikaschote • etwas Dijonsenf • 200 g Bacon (Frühstücksspeck) • Sonnenblumenöl zum Braten

Jedes Würstchen schräg sechs Mal ein-, aber nicht durchschneiden. Den Käse zuerst in 8 etwa 3 Zentimeter große Quadrate, dann in 16 Dreiecke schneiden. Die Gewürzgurken und die geputzte Paprikaschote ebenfalls jeweils in 16 gleichgroße Stücke schneiden.

Jeweils 2 Käsedreiecke, 2 Gurkenscheiben und 2 Paprikastücke in die eingeschnittenen Würstchen stecken und die Oberfläche mit Senf bestreichen. Jedes Würstchen mit Bacon umwickeln und in wenig Sonnenblumenöl rundherum knusprig braten.

Nichts für Kasper:
Feine Suppen

Der Frankfurter Psychiater Dr. Heinrich Hoffmann schenkte 1844 seinem dreijährigen Sohn zu Weihnachten ein selbst geschriebenes und gemaltes Buch: Struwwelpeter. Ihm zu ehrendem Angedenken habe ich eine Suppe komponiert, die Kinder besonders gern mögen.

Struwwelpeter-Suppe

Für 4 Portionen

2 Hühnerrücken oder 500 g Hühnerklein • 1 Bund Suppengrün • 1 Lorbeerblatt • Salz • weißer Pfeffer • 100 g Hirse • 1 dicke Möhre • 1 Stange Lauch • 150 g Blumenkohlröschen • 1 Tasse tiefgefrorene Erbsen • 150 g Spinatblätter • 4 Paar Frankfurter Würstchen • 2 EL gehackte Petersilie

Die Hühnerrücken mit 1,25 Liter Wasser 30 Minuten kochen. Das Suppengrün putzen, waschen und grob würfeln. Mit dem Lorbeerblatt in den Topf geben und weitere 30 Minuten garen. Die Brühe durch ein Sieb in einen sauberen Topf gießen und mit Salz und frisch gemahlenem Pfeffer abschmecken.

Die Hirse unter lauwarmem Wasser abspülen und in der Brühe 10 Minuten garen. Das Gemüse putzen, bei Bedarf schälen und klein schneiden. Alles Gemüse zur Hirse geben und weitere 10 Minuten kochen. Die Würstchen hinzufügen und 5 Minuten in der siedenden Suppe ziehen lassen. Die Würstchen nach Belieben klein schneiden und mit der Petersilie wieder zur Suppe geben.

In vielen Familien wird am Samstag eine Kartoffelsuppe aufgetischt. Sie ist schnell zubereitet, preiswert, mundet köstlich und stimmt den Magen auf den Sonntagsbraten ein.

Frankfurter Kartoffelsuppe

Für 4 Portionen

500 g Hühnerklein • 200 g durchwachsener Speck mit Schwarte • 3 Lorbeerblätter • 1 Bund Suppengrün • 750 g mehlig kochende Kartoffeln • Salz • weißer Pfeffer • Muskatnuss • 2 große Zwiebeln • 2 EL Butter • 4 Paar Frankfurter Würstchen • 4 EL gehackte Petersilie

Das Hühnerklein mit 1,25 Liter Wasser zum Kochen bringen. Die Schwarte vom Speck schneiden. Beides mit den Lorbeerblättern in den Topf zu Hühnerklein geben und insgesamt 60 Minuten kochen. Nach etwa 30 Minuten den Speck herausnehmen und würfeln. Die Brühe durch ein Sieb in einen sauberen Topf gießen. Die Speckschwarte nach Geschmack klein schneiden und später in die fertige Suppe geben.

Das Suppengrün putzen, waschen, bei Bedarf schälen und fein würfeln. Etwas Brühe abnehmen und das gewürfte Suppengrün darin in etwa 10 Minuten garen. Inzwischen die Kartoffeln schälen und würfeln. Die Kartoffelwürfel in der Brühe weich kochen. Die Suppe mit dem Mixstab pürieren. Das gegarte Suppengrün einrühren.

Die Suppe mit Salz, frisch gemahlenem Pfeffer und frisch geriebener Muskatnuss abschmecken. Die Zwiebeln abziehen und in feine Ringe schneiden. Die Butter in einer Pfanne zerlassen und die Zwiebelringe darin goldbraun braten. Die Frankfurter Würstchen in der siedenden Suppe 5 bis 8 Minuten ziehen lassen, klein schneiden und mit Petersilie und Speckwürfeln zur Suppe geben. Röstzwiebeln getrennt dazu reichen.

Linsengerichte sind heute wieder modern, nachdem diese schmackhaften und nährstoffreichen Hülsenfrüchte lange Zeit ein Schattendasein in unserer Küche führten. Zur Auswahl stehen die großen Tellerlinsen und verschiedene kleinere Linsen sowie die milden roten Linsen. Linsen müssen nicht mehr eingeweicht werden, jedoch verkürzt es die Garzeit.

Frankfurter Linsensuppe

Für 4 Portionen

250 g Tellerlinsen • 2 Zwiebeln • 1 Knoblauchzehe • 100 g durchwachsener Speck ohne Schwarte • 1 Bund Suppengrün • 2 EL Schweineschmalz • 1 EL Tomatenmark • 1 Lorbeerblatt • Salz • schwarzer Pfeffer • 300 g fest kochende Kartoffeln • 3 Paar Frankfurter Würstchen • 200 g rohes Kasseler ohne Knochen

Die Linsen waschen, verlesen und in reichlich kaltem Wasser 2 bis 4 Stunden einweichen. Die Zwiebeln und den Knoblauch abziehen und sehr fein schneiden. Den Speck fein würfeln. Das Suppengrün putzen, bei Bedarf schälen, waschen und fein würfeln. Das Schweineschmalz in einem großen Topf zerlassen. Zuerst den Speck darin kurz anbraten. Zwiebeln, Knoblauch und Suppengrün hinzufügen und kurz rösten. Das Tomatenmark einrühren und alle Zutaten unter Rühren etwa 2 Minuten schmoren, aber keine Farbe annehmen lassen.

Alle geschmorten Zutaten auf einem Teller parken. Die Linsen mit gut 1 Liter Wasser und dem Lorbeerblatt in den Topf geben und in 20 bis 40 Minuten weich kochen. Mit Salz und frisch gemahlenem Pfeffer würzen. Eventuell noch etwas Wasser angießen. Inzwischen die Kartoffeln schälen und fein würfeln. In wenig Salzwasser garen und abgießen.

Das Schmorgemüse mit dem Speck, den gegarten Kartoffelwürfeln, dem klein geschnittenen Kasseler und den klein geschnittenen Würstchen in der siedenden Linsensuppe in 5 bis 8 Minuten ziehen lassen.

Wenn im Sommer die saftiggrünen Erbsenschoten auf den Markt kommen, ist es Zeit für diese edle Suppe. Die zarten Erbsen lassen sich leicht aus ihrer Umhüllung streifen. Ein guter Ersatz sind tiefgefrorene Erbsen.

Frische Erbsensuppe mit Melisse

Für 4 Portionen

4 Hühnerflügel • 1 große Hähnchenkeule • 2 EL Butterschmalz • Salz • weißer Pfeffer • Muskatnuss • 1 Bund Frühlingszwiebeln • 1,5 kg Erbsenschoten • 250 g mehlig kochende Kartoffeln • 150 g süße Sahne • 3 Paar Frankfurter Würstchen • 4 Stängel Zitronenmelisse

Die Hühnerflügel und die Hähnchenkeule in heißem Butterschmalz in einem großen Topf rundherum leicht anbraten. Mit 1 Liter Wasser auffüllen und 30 Minuten kochen. Die Keule herausnehmen und die Brühe mit Salz, frisch gemahlenem Pfeffer und frisch geriebener Muskatnuss würzen.

Die Frühlingszwiebeln putzen und klein schneiden. Die Erbsen aus den Schoten streifen. Die Kartoffeln schälen und klein würfeln. Zwiebeln, Erbsen und Kartoffeln in der Brühe 10 bis 15 Minuten garen. Die Flügel entfernen, sie werden nicht mehr gebraucht.

Das Hähnchenfleisch von Haut und Knochen lösen und würfeln. Etwa ein Drittel der Sahne fast steif schlagen. Die restliche Sahne in die Suppe rühren. Das Hähnchenfleisch und die Frankfurter Würstchen in der siedenden Suppe 8 Minuten ziehen lassen. Die Würstchen nach Belieben klein schneiden und wieder zur Suppe geben. Alles noch einmal mit Salz, Pfeffer und Muskatnuss abschmecken. Die geschlagene Sahne locker einrühren und mit Melisseblättchen bestreuen.

Bärlauch, kräftig nach Knoblauch schmeckende Blätter, gedeiht im frühen Frühjahr auf feuchtem Boden und kann in der Natur gepflückt werden. Aber inzwischen wird das würzige und gesunde Kraut auch auf unseren Wochenmärkten angeboten. Selbstpflücker dürfen Bärlauch aber nicht mit giftigem Maiglöckchengrün verwechseln. Die Geruchsprobe gibt Auskunft.

Bärlauchsüppchen mit Wachteln und gebratenen Würstchen

Für 4 Portionen

4 Wachteln • 2 Schalotten • 6 EL Butter • 3 EL Mehl • 1 Bund Suppengrün • Salz • weißer Pfeffer • Muskatnuss • etwas geriebene Zitronenschale • 125 g Bärlauch • 200 g süße Sahne • 2 EL Keimöl • 3 Paar Frankfurter Würstchen • 4 Wachteleier, nach Belieben

Mit einem scharfen Messer die Wachtelbrüste von den Knochen lösen. Die Wachtelkarkassen abspülen und trockentupfen. Die Schalotten abziehen und würfeln. Die Wachtelkarkassen in 2 Esslöffeln heißer Butter leicht anbraten. Schalotten hinzufügen und kurz mit rösten. Zwei weitere Esslöffel Butter darin zerlassen, das Mehl einrühren und leicht rösten. Mit 800 Milliliter kaltem Wasser auffüllen und 15 Minuten kochen.

Das Suppengrün putzen, bei Bedarf schälen, waschen und klein schneiden. Zur Brühe geben und weitere 30 Minuten kochen. Die Brühe durch ein Sieb in einen sauberen Topf gießen. Mit Salz, frisch gemahlenem Pfeffer, geriebener Muskatnuss und etwas geriebener Zitronenschale würzen. Den Bärlauch waschen, abtropfen lassen und grob hacken. Mit der Sahne zur Suppe geben und mit dem Mixstab pürieren.

Die restliche Butter mit dem Öl in einer Pfanne erhitzen und zuerst die Wachtelbrüstchen darin auf jeder Seite etwa 2 Minuten braten. Mit Salz und Pfeffer würzen. Die Würstchen schräg in Scheiben schneiden und in dem verbliebenen Bratfett auf beiden Seiten kurz anbraten. Die Brüstchen in Scheiben schneiden und mit den Würstchen zur Suppe geben. Nach Belieben aus den Wachteleiern Spiegeleier braten und auf der Suppe anrichten.

Hessen, das Land der Frankfurter Würstchen, des Handkäs`, des Ebbelweis ist nicht zuletzt auch wegen der grünen Soße ein Land der Kräuter. Schon zu Goethes Zeiten genoss man hier Pimpinelle und Kerbel, Kresse und Sauerampfer. Zwischen Frankfurt und Offenbach liegt Oberrad mit seinen Gärten, wo die Kräuter der grünen Soße ebenso gedeihen wie anderes gesundes Grünzeug.

Oberräder Gartenkräutersuppe

Für 4 Portionen

250 g mehlig kochende Kartoffeln • 4 Stangen Staudensellerie • 1 Bund Frühlingszwiebeln • 1 Staude Löwenzahn • 1 Bund Petersilie • 1 Handvoll Bärlauch • 1 Handvoll Sauerampfer • 1 Handvoll Kresse • 7 EL Butter • 800 ml Kalbsfond (Fertigprodukt) • 4 EL weißer Portwein • Salz • weißer Pfeffer • Muskatnuss • 2 EL Limettensaft • 3 Paar Frankfurter Würstchen • 150 g Schmand • 2 Eigelb • 1 Laugenbrötchen

Die Kartoffeln schälen und klein würfeln. Die Selleriestangen entfädeln und in dünne Scheiben schneiden. Die Frühlingszwiebeln putzen und klein schneiden. Vom Löwenzahn die Strünke entfernen, die Blätter waschen, abtropfen lassen und fein schneiden. Petersilie, Bärlauch und Sauerampfer putzen, waschen, abtropfen lassen und grob hacken. Kresseblättchen waschen und ebenfalls abtropfen lassen.

Vier Esslöffel Butter in einem Topf zerlassen. Kartoffeln, Sellerie, Frühlingszwiebeln und Löwenzahn darin kurz anschwitzen. Kalbsfond und Portwein angießen und 15 Minuten köcheln lassen. Die restlichen Kräuter einrühren und mit dem Mixstab pürieren. Mit Salz, frisch gemahlenem Pfeffer, geriebener Muskatnuss und Limettensaft abschmecken.

Die Würstchen in dünne Scheiben schneiden und in der siedenden Suppe gar ziehen lassen. Den Schmand mit den Eigelben verrühren, in die heiße, nicht kochende Suppe einrühren. Das Laugenbrötchen in Scheiben, dann in Würfel schneiden. In der restlichen Butter in einer Pfanne goldgelb rösten und über die fertige Suppe streuen.

Früher waren die Schlangengurken einmal so krumm wie Bananen. Aber weil sich krumme Gurken schlecht im Dutzend verpacken lassen, züchtete man schnurgerade Gurken. Weggezüchtet hat man den Gurken auch ihren bitteren Geschmack. Wer Gurken nur im Salat kennt, sollte diese kalte Suppe mit der heißen Einlage einmal probieren.

Kaltes Gurkensüppchen mit heißen Würstchen

Für 4 Portionen

500 g Hühnerklein • Salz • weißer Pfeffer • 2 große Schlangengurken • 200 g süße Sahne • 1 TL frische, gehackte Estragonblätter • Zucker • Zitronensaft • 200 g kleine Pfifferlinge • 3 EL Butter • 2 Paar Frankfurter Würstchen • 2 EL gehackte Petersilie

Das Hühnerklein mit 600 Milliliter Wasser 60 Minuten kochen. Die Brühe am besten über Nacht kühl stellen. Am folgenden Tag die Fettschicht abheben, die Brühe erwärmen und durch ein Sieb in einen sauberen Topf gießen. Mit Salz und frisch gemahlenem Pfeffer würzen. Die Gurken mit einem Sparschäler schälen, längs halbieren und die Kerne mit einem Teelöffel herausschaben. Die Gurkenhälften grob würfeln und in der Brühe in 10 bis 15 Minuten weich kochen. Mit dem Mixstab pürieren.

Die Sahne zur Suppe gießen, die gehackten Estragonblätter einrühren und mit Salz, Pfeffer, Zucker und Zitronensaft abschmecken. Die Suppe kalt stellen. Kurz vor dem Anrichten die Pfifferlinge putzen und in der heißen Butter einige Minuten schmoren. Mit Salz und wenig Pfeffer würzen und aus der Pfanne nehmen. Die Würstchen in dünne Scheiben schneiden und in dem verbliebenen Bratfett braten, Pfifferlinge und Petersilie hinzufügen und als Einlage zur kalten Suppe servieren.

Frankfort
Sausages

Bevor die Menschen in Hessen den Wein aus Trauben kennen lernten, kelterten sie schon aus Äpfeln und Birnen einen herben Apfelwein, der heute als hessisches Nationalgetränk gilt. Ebbelwei ist gesund, hat wenig Kalorien und erfrischt im Sommer. Im Winter zaubert heißer Ebbelwei, gewürzt mit Zimt, Orangenschale und Zucker, den Menschen apfelrote Bäckchen ins Gesicht.

Ebbelwei-Süppchen mit Zwiebeln

Für 4 Portionen

750 g Zwiebeln • 2 Knoblauchzehen • 7 EL Butter • 800 ml Hühnerfond (Fertigprodukt) • 3 Lorbeerblätter • 2 Stängel Thymian • Salz • schwarzer Pfeffer • 250 ml Ebbelwei oder herber Cidre • 3 Paar Frankfurter Würstchen • 1 Zwiebelbrötchen • 6 bis 8 EL geriebener mittelalter Gouda • 2 EL Schnittlauchröllchen

Die Zwiebeln und die Knoblauchzehen abziehen. Zwiebeln halbieren und in feine Halbringe schneiden. Den Knoblauch durch die Presse drücken. Vier Esslöffel Butter in einem Topf zerlassen. Zwiebeln und Knoblauch darin kurz anschwitzen. Mit dem Hühnerfond auffüllen, Lorbeerblätter und Thymianstängel hinzufügen. Die Suppe offen 20 Minuten köcheln lassen. Mit Salz und frisch gemahlenem Pfeffer würzen.

Den Ebbelwei oder Cidre zur Suppe gießen und weitere 5 Minuten offen kochen. Die festen Gewürze entfernen. Die Frankfurter Würstchen in feine Scheiben schneiden und in der siedenden Suppe 4 Minuten ziehen lassen.

Das Zwiebelbrötchen würfeln, die restliche Butter in einer Pfanne erhitzen und die Brotwürfel darin knusprig braten. Die Suppe auf Suppentassen oder Teller verteilen und mit den krossen Brotwürfeln, Käse und Schnittlauchröllchen bestreuen.

Das Beste, was ein Würstchen werden kann: Eine warme Mahlzeit

Kohlrabi gehört botanisch zum Kohl. Kohl, egal welcher Farbe oder Form, ist des Deutschen liebstes Gemüse. Kohl ist preiswert und das ganze Jahr über erhältlich. Kohlrabis sind besonders im Frühjahr zart und saftig und gut geeignet für einen herzhaften Eintopf.

Kohlrabieintopf mit Petersilienklößchen

Für 6 bis 8 Portionen

1 Packung gekochte Kartoffelklöße (für 8 Stück) • 1 Bund Petersilie, gehackt • 1,2 kg Kohlrabis mit Grün • 400 g mageres Suppenfleisch • 4 Rinderknochen, falls verfügbar • Salz • weißer Pfeffer • Muskatnuss • 1 Döschen Safranpulver • 3 grobe Thüringer Bratwürste • 200 g Hähnchenbrustfilet • 3 Paar Frankfurter Würstchen • 150 g Schmand

Das Kloßpulver mit der vorgeschriebenen Menge Wasser und der gehackten Petersilie mischen und 15 Minuten quellen lassen. Kohlrabigrün waschen und grob hacken. Die Kohlrabis schälen, halbieren und in Daumen große Stifte schneiden. Das Suppenfleisch und die Knochen in 1,5 Liter Wasser 1,5 bis 2 Stunden garen. Das Fleisch herausnehmen und klein schneiden.

Die Brühe durch ein Sieb in einen sauberen Topf gießen, mit Salz, frisch gemahlenem Pfeffer, geriebener Muskatnuss und dem Safranpulver würzen. Die Kohlrabistifte mit dem Grün in der Brühe 10 Minuten garen. Aus dem Kloßteig 16 kleine Klößchen rollen und in siedendem Salzwasser 10 bis 12 Minuten ziehen lassen.

Aus der Bratwurstmasse kleine Bällchen formen. Die Hähnchenbrust würfeln. Bratwurstbällchen und Frankfurter Würstchen 5 Minuten in der siedenden Suppe ziehen lassen. Petersilienklößchen, Rindfleisch- und Hähnchenfleischwürfel hinzufügen und weitere 3 Minuten ziehen lassen. Den Schmand in die heiße Suppe einrühren. Vor dem Anrichten noch einmal mit Salz, Pfeffer und Muskat abschmecken.

Grüne Bohnen sind ein vielgeliebtes Sommergemüse. Mein Bohneneintopf mit weißen Bohnen, Tomaten, Lammfleischbällchen und natürlich Frankfurter Würstchen ist eine neue Kreation des altehrwürdigen Bohneneintopfs unserer Großmütter. Lammknochen und Lammhackfleisch finden Sie in ausländischen Geschäften.

Grüner Bohneneintopf

Für 6 Portionen
500 g Lammknochen • 2 EL Sonnenblumenöl • 2 Zwiebeln • 2 Knoblauchzehen • 500 g Buschbohnen • 350 g fest kochende Kartoffeln • 1 kleine Dose weiße Bohnen • 1 altbackenes Brötchen • 1 Ei • 350 g Lammhackfleisch • Salz • schwarzer Pfeffer • Cayennepfeffer • 4 Paar Frankfurter Würstchen • 200 g Kirschtomaten • 150 g Schmand • etwas Worcestershiresauce • 1 Bund frisches Bohnenkraut

Die Lammknochen in heißem Öl in einem großen Topf kräftig anbraten. Zwiebeln und Knoblauch abziehen und grob würfeln. Mit 1,5 Liter Wasser zu den Knochen geben und 90 Minuten kochen. Inzwischen die Bohnen putzen, waschen und halbieren. Die Kartoffeln schälen und würfeln. Die weißen Bohnen in ein Sieb schütten und unter kaltem Wasser abspülen.

Die Brühe durch ein Sieb in einen sauberen Topf gießen. Die grünen Bohnen und die Kartoffelwürfel in der Brühe etwa 10 Minuten kochen. Das Brötchen in kaltem Wasser einweichen, dann gut ausdrücken und zerpflücken. Ei, Hackfleisch, Salz, frisch gemahlenen Pfeffer und etwas Cayennepfeffer hinzufügen und alles zu einem glatten Teig verkneten. Aus der Masse kleine Bällchen formen.

Die Hackfleischbällchen in der Suppe 3 Minuten ziehen lassen. Die Frankfurter Würstchen und die weißen Bohnenkerne hinzufügen und alles in der siedenden Suppe 8 Minuten ziehen lassen. Die Tomaten kurz in kochendes Wasser tauchen und die Haut abziehen. Die Tomaten in den Eintopf geben und erhitzen. Den Schmand mit etwas Worcestershiresauce, Salz und Pfeffer verrühren. Das Bohnenkraut mittelfein hacken und mit dem Schmand mischen. Getrennt zum Eintopf reichen.

Alle lieben Würstchen und ein deftiges Gulasch. Wenn beides vereint wird, kommt ein würziges Mahl auf den Tisch, das Groß und Klein gleichermaßen gut schmeckt. Gulasch im Brotkorb ist eine nette Idee, besonders wenn Gäste ins Haus kommen. Kartoffelpüree, körniger Reis oder breite Nudeln schmecken ebenso gut dazu.

Äpfel-Würstchen-Gulasch im Brotkorb

Für 4 Portionen

300 g Schalotten • 1 Knoblauchzehe • 2 EL Butterschmalz • 1 EL Tomatenmark • 1 EL Tomatenketschup • 1 Packun Bratensoße • 2 feste Äpfel • 6 Paar Frankfurter Würstchen • 100 g süße Sahne • 1 TL frische Thymianblättchen • Salz • schwarzer Pfeffer • Cayennepfeffer • 4 250 g Roggen- oder Mischbrote

Die Schalotten und die Knoblauchzehe abziehen. Schalotten längs halbieren oder vierteln, je nach Größe. Den Knoblauch durch die Presse drücken. Beides in heißem Butterschmalz anschwitzen. Tomatenmark und Ketschup einrühren. 250 Milliliter Wasser dazu gießen und ein Päckchen Soßenpulver einrühren.

Die Äpfel vierteln, schälen und entkernen. In gut 1 Zentimeter große Würfel schneiden. Die Frankfurter Würstchen schräg in nicht zu dünne Scheiben schneiden. Äpfel und Wurstscheiben in der siedenden Soße 5 Minuten ziehen lassen. Die Sahne hinzufügen und alles mit frischen Thymianblättchen, Salz, frisch gemahlenem Pfeffer und Cayennepfeffer pikant abschmecken.

Von den Broten oben einen Deckel abschneiden und die weiche Krume herauslösen. Die Brote kurz im heißen Backofen erhitzen. Das Gulasch einfüllen, den Deckel darauf legen und sofort anrichten.

Der falsche Hase ist ein altes deutsches Rezept. Der Name rührt daher, dass sich in früherer Zeit nur die Oberschicht Hasenbraten leisten konnte. Dann kam eines schönes Tages eine findige Hausfrau auf die Idee, aus preiswertem Hackfleisch einen Braten zu formen, der einem Hasenbraten nicht ganz unähnlich war. Unser Hackbraten ist eine moderne Version eines alten Klassikers.

Gefüllter Hackbraten mit Ebbelweisoße

Für 4 Portionen
2 Stangen Lauch • Salz • 2 rote Zwiebeln • 1 EL Keimöl • 1 altbackenes Laugenbrötchen • 2 Eier • schwarzer Pfeffer • Paprikapulver • 1 EL scharfer Senf • 1 TL getrockneter Majoran • 650 g Schweinemett, ungewürzt • 1 Paar Frankfurter Würstchen • 2 EL Butterschmalz • 1 fester Apfel • 250 ml Ebbelwei oder herber Cidre • 3 Lorbeerblätter • dunkler Soßenbinder • 1 TL Honig

Den Lauch putzen, den hellen Teil einer Stange in feine Scheiben schneiden. Die zweite Stange in ein Würstchen langes Stück schneiden und in etwas Salzwasser 10 Minuten garen. Den Lauch abtropfen lassen und an der Längsseite bis zur Mitte einschneiden. Die Zwiebeln abziehen und fein würfeln. Die Hälfte der Zwiebeln in heißem Keimöl weich schmoren.

Das Brötchen in kaltem Wasser einweichen, gut ausdrücken und in eine Schüssel zupfen. Geschmorte Zwiebeln, Eier, Salz, frisch gemahlener Pfeffer, etwas Paprikapulver, Senf und Majoran mit dem Brötchen mischen. Das Hackfleisch hinzufügen und alles gut vermengen.

Jedes Frankfurter Würstchen in 2 bis 3 gekochte Lauchstreifen rollen. Aus dem Hackfleischteig einen länglichen Braten formen, etwas auseinanderdrücken und die eingerollten Würstchen in die Mitte legen. Den Teig gut über den Würstchen schließen.

Das Butterschmalz in einem Bräter erhitzen, das Fleisch darin anbraten und vorsichtig wenden. Den restlichen klein geschnittenen Lauch und die Zwiebeln um den Braten legen, kurz rösten und mit 1 Tasse Wasser ablöschen.

Den Apfel vierteln, schälen, entkernen und klein schneiden. Mit dem Apfelwein oder Cidre und den Lorbeerblättern zum Braten geben und bei milder Hitze 40 bis 45 Minuten garen.

Das Fleisch aus dem Topf heben und in Alufolie wickeln. Den Fond durch ein Sieb streichen, mit Soßenbinder binden und mit Salz, Pfeffer, Paprikapulver und Honig abschmecken. Das Fleisch in dicke Scheiben schneiden und mit der Soße anrichten.

Dazu schmecken Kartoffeln oder körniger Reis sowie Spitzkohl mit viel guter Butter.

Aufläufe sind meistens schnell zubereitet und es können Reste vom Vortag verwendet werden. In unserem Fall könnten die Kartoffeln sowie der Blumenkohl übrig geblieben sein. Blumenkohlköpfe sind häufig so groß, dass eine Zweitverwertung als Auflauf eine gute Alternative ist. Und wenn der Blumenkohl nicht reicht, geben Sie ein paar Brokkoliröschen hinzu. Der Meerrettich kann gut durch 100 Gramm geriebenen Käse ersetzt werden.

Blumenkohlauflauf mit Meerrettichsoße

Für 4 Portionen

650 g kleine, fest kochende Kartoffeln • 1 kleiner Blumenkohl • Salz • 1 Döschen Safranpulver • Muskatnuss • Butter für die Form • 4 Paar Frankfurter Würstchen • 200 g süße Sahne • 2 Eigelb • 1 Ei • 4 bis 5 EL Meerrettich • 4 EL Semmelbrösel • Butterflöckchen

Die Kartoffeln in der Schale in wenig Wasser 20 Minuten kochen und pellen. Den Blumenkohl in Kartoffel große Röschen teilen. Die Kohlröschen mit Wasser bedecken, mit Salz, Safranpulver und frisch geriebener Muskatnuss würzen. Den Blumenkohl 5 Minuten sanft kochen, dann abgießen.

Eine Auflaufform gut mit weicher Butter einfetten. Jedes Würstchen in 4 Stücke schneiden. Kartoffeln, Blumenkohlröschen und Würstchen in die Form schichten. Die Sahne mit den Eigelben und dem Ei mischen, mit Salz, Muskatnuss und Meerrettich würzen.

Die Eiermilch über den Blumenkohl und die Kartoffeln gießen. Die Semmelbrösel und reichlich Butterflöckchen darüber streuen. Den Auflauf im vorgeheizten Backofen bei 200 Grad auf der mittleren Schiene 30 Minuten backen.

Gefüllte Paprikaschoten sind landläufig bekannt. Aber natürlich lassen sich auch andere Gemüse wie Zucchini, Auberginen, Kartoffeln, Zwiebeln, Tomaten und Gurken lecker füllen. Wer das Glück hat, große weiße Champignonköpfe bei seinem Gemüsehändler zu entdecken, sollte unbedingt zugreifen. Ich habe mir eine echt Frankfurter Füllung ausgedacht.

Gefüllte Riesenchampignons im Kartoffelnest

Für 4 Portionen

4 Riesenchampignonköpfe • 250 g Zwiebeln • 4 Frühlingszwiebeln • 3 bis 4 EL Butterschmalz • 3 Paar Frankfurter Würstchen • 4 Scheiben Tilsiter • 2 Eigelb • Salz • schwarzer Pfeffer • 4 Stängel Estragon • 1 kg mehlig kochende Kartoffeln • 100 ml Milch • 4 EL Butter • 5 EL Bärlauch-Pesto (Fertigprodukt) • Olivenöl • Muskatnuss • Butter für die Form

Die Champignonköpfe putzen, bei Bedarf waschen und die Köpfe mit einem Teelöffel leicht aushöhlen. Die Zwiebeln abziehen und fein würfeln. Die Frühlingszwiebeln putzen. Etwas Butterschmalz in einer Pfanne erhitzen und die Champignonköpfe darin auf beiden Seiten insgesamt 5 Minuten schmoren und herausnehmen.

Die Frühlingszwiebeln mit etwas Butterschmalz in die Pfanne geben und weich schmoren, herausnehmen. Nun die gewürfelten Zwiebeln und das Innere der Champignons in dem restlichen Fett weich schmoren.

Die Würstchen in dünne Scheiben, den Tilsiter in breite Streifen schneiden. Würstchen und Zwiebel-Pilz-Masse mit einem Eigelb verrühren und mit Salz, frisch gemahlenem Pfeffer und den klein geschnittenen Estragonblättern abschmecken.

Die Masse in die Champignons füllen. Die Käsestreifen kreuzförmig darüber legen. Die ganzen Frühlingszwiebeln quer halbieren und über den Käse drapieren.

Die Kartoffeln schälen und in wenig Salzwasser garen. Abgießen und gut abdampfen lassen. Milch, Butter und Pesto erhitzen. Die Kartoffeln durch die Presse dazudrücken und mit dem Schneebesen durchrühren. Nur so viel Öl dazugießen, bis das Kartoffelpüree noch gut formbar ist. Das Eigelb dazugeben. Das Püree mit Salz, Pfeffer und geriebener Muskatnuss würzen.

Eine weite Auflaufform mit Butter einfetten. Das Kartoffelpüree in einen Spritzbeutel mit weiter Sterntülle füllen und 4 gleichgroße Nester in die Form spritzen. In jedes Nest einem gefüllten Champignonkopf drücken. Die Form mit Alufolie abdecken und den Auflauf im vorgeheizten Backofen bei 180 Grad 20 Minuten garen. Die Folie entfernen, die Temperatur auf 200 Grad erhöhen und alles goldgelb überbacken.

Wer sagt, dass Paprikaschoten immer mit Hackfleisch und Reis gefüllt sein müssen? Dieses Rezept füllt in die vitaminreichen Früchte würziges Sauerkraut, mit Sahne verfeinert, mit Cayennepfeffer und Ajvar pikant abgeschmeckt und mit Käse goldgelb überbacken. Dazu schmecken am besten in Butterschmalz geröstete kleine Kartoffeln.

Gefüllte Paprikaschoten mit Rahmsauerkraut

Für 4 Portionen

2 große rote Paprikaschoten • 1 große gelbe Paprikaschote • 2 Zwiebeln • 2 Knoblauchzehen • 4 EL Butter • 500 g Fass-Sauerkraut • 200 g süße Sahne • Paprikapulver • Salz • weißer Pfeffer • Cayennepfeffer • 2 EL Ajvar (Paprikazubereitung) • 3 Paar Frankfurter Würstchen • 1 Kugel Mozzarella • 1 Dose Pizzatomaten • 4 EL gehackte Petersilie

Die Paprikaschoten längs halbieren. Trennwände und Kerne entfernen. Die gelbe Paprika mit einem Sparschäler schälen und fein würfeln. Zwiebeln und Knoblauch abziehen und klein schneiden. Die Butter in einem Topf zerlassen, die Zwiebeln darin glasig schmoren. Sauerkraut, gelbe Paprikawürfel, die Hälfte des Knoblauchs und die Sahne dazugeben. Das Sauerkraut im geschlossenen Topf 20 Minuten garen. Mit Paprikapulver, Salz, frisch gemahlenem Pfeffer, Cayennepfeffer und Ajvar pikant abschmecken.

Die Frankfurter Würstchen in feine Scheiben schneiden und mit dem Sauerkraut mischen. Die roten Paprikahälften mit dem Sauerkraut füllen. Den Mozzarella zwischen Küchenpapier etwas ausdrücken und in 4 Scheiben schneiden. Über das Sauerkraut legen und mit Salz und Pfeffer bestreuen.

Die Pizzatomaten mit dem restlichen Knoblauch, Salz, Pfeffer und gehackter Petersilie verrühren. Die Tomatenzubereitung in eine weite Auflaufform gießen und die gefüllten Paprikaschoten nebeneinander hineinsetzen. Die Form mit Alufolie verschließen und im vorgeheizten Backofen bei 200 Grad 20 Minuten backen. Die Folie entfernen und weitere 10 Minuten offen garen.

Schwarzwurzeln wurden einst als Spargel des kleinen Mannes bezeichnet. Diese langen schwarzen Stangen, die nach dem Waschen und Schälen blütenweiß vor uns liegen, sind recht mühsam anzubauen und zu ernten, weshalb dieses Wintergemüse nicht oft und nicht überall zu haben ist. Schwarzwurzeln und Rosenkohl, vereint in einer samt weichen Soße, ergeben ein köstliches Mahl, das viele Freunde finden wird.

Schwarzwurzel-Rosenkohl-Topf

Für 4 bis 6 Portionen
500 g Schwarzwurzeln • Essig • 500 g Rosenkohl • Salz • 800 ml Hühnerfond (Fertigprodukt) • 1 Döschen Safranpulver • 4 EL Butter • 3 EL Mehl • 50 g geriebener Gouda • 125 g durchwachsener Speck • 1 Paar Thüringer Bratwürste • 3 Paar Frankfurter Würstchen • 200 g Schmand • Salz • weißer Pfeffer • Muskatnuss • 4 EL Schnittlauchröllchen

Die Schwarzwurzeln unter fließendem Wasser abbürsten und am besten mit Einweg-Handschuhen schälen. Die Stangen in mundgerechte Stücke schneiden und sofort ins Essigwasser legen, damit sie sich nicht verfärben. Den Rosenkohl putzen. Das Gemüse getrennt in Salzwasser bissfest garen und abgießen. Den Hühnerfond mit dem Safran zum Kochen bringen.

Die Butter in einem großen Topf zerlassen, das Mehl einrühren und kurz anschwitzen. Den Fond dazugießen und mit dem Schneebesen glatt rühren. Die Flüssigkeit 10 Minuten leise offen köcheln lassen. Das Gemüse und den Käse hinzufügen und den Topf beiseite stellen.

Den durchwachsenen Speck fein würfeln und in einer Pfanne glasig schwitzen. Die Bratwurstmasse aus dem Darm drücken und zu kleinen Bällchen formen. Zum Speck geben und rundherum anbraten. Die Würstchen in Scheiben schneiden und mit Speck und Bratwurstbällchen zum Gemüse geben. Den Schmand einrühren und alles mit Salz, frisch gemahlenem Pfeffer und geriebener Muskatnuss abschmecken. Den Eintopf einmal aufkochen und abgedeckt kurz durchziehen lassen. Mit Schnittlauchröllchen und Salzkartoffeln anrichten.

Brot schmeckt gut. Wurst schmeckt gut. Lauch schmeckt auch gut. Wie gut muss dann erst eine Kombination von allen dreien schmecken: Fantastisch! Es muss auch kein frisches Brot sein. Wer altbackenes Weißbrot oder Toastbrot übrig hat, sollte diesen feinen Auflauf einmal zubereiten.

Brot-Lauch-Auflauf

Für 4 Portionen

250 g Ciabatta oder Weißbrot • Butterschmalz • Olivenöl • 4 EL Haselnussblättchen • 100 g Schinkenspeck • 4 Stangen Lauch • Salz • weißer Pfeffer • Muskatnuss • 200 g Schmand • 3 Eier • 1 Knoblauchzehe • 4 Paar Frankfurter Würstchen • 150 g geriebener Emmentaler • 2 EL Semmelbrösel • 1 TL frische Thymianblättchen • Butterflöckchen

Das Ciabatta oder Weißbrot schräg in Scheiben schneiden. Jeweils 2 Esslöffel Butterschmalz und Olivenöl in einer Pfanne erhitzen und die Brotscheiben darin auf beiden Seiten rösten. Die Haselnussblättchen in einer fettfreien Pfanne leicht rösten. Den Schinkenspeck würfeln und in etwas Butterschmalz anschwitzen.

Den Lauch putzen und nur den weißen Teil in feine Ringe schneiden. Den klein geschnittenen Lauch zum Schinkenspeck geben und unter Rühren etwa 5 Minuten garen. Den Lauch mit Salz, frisch gemahlenem Pfeffer und geriebener Muskatnuss würzen.

Eine längliche Auflaufform mit etwas Olivenöl einfetten. Die Hälfte der Brotscheiben auf den Boden der Form legen. Den Schmand mit den Eiern mischen. Den Knoblauch abziehen und durch die Presse zum Schmand drücken. Mit Salz, Pfeffer und Muskatnuss würzen. Etwas Schmand über die Brotscheiben träufeln.

Die Würstchen in nicht zu dünne Scheiben schneiden und mit dem Lauch einschichten. Das restliche Brot darüber legen und den restlichen Schmand darüber gießen. Mit Haselnussblättchen, geriebenem Käse, Semmelbröseln, Thymianblättchen und Butterflöckchen bestreuen. Die Form mit Alufolie abdecken und den Auflauf im vorgeheizten Backofen bei 200 Grad 15 Minuten garen. Die Folie entfernen und weitere 15 Minuten überbacken.

Wenn die Kinder mittags hungrig wie die Wölfe aus der Schule kommen, freuen sie sich auf eine leckere Mahlzeit. Es müssen nicht immer Spaghetti, Pizza oder Pommes rot-weiß sein. Würstchen und Kartoffelpüree zählen ebenfalls zu ihren Leibspeisen, die schnell und einfach zubereitet werden können.

Zwiebel-Erbsen-Gemüse in bunten Kartoffelnestern

Zutaten für 4 Portionen

350 g Zwiebeln • 2 EL Rapsöl • Zucker • Salz • getrockneter Majoran • 4 Paar Frankfurter Würstchen • 1 fester Apfel • schwarzer Pfeffer • 75 g durchwachsener Speck • 1 Tasse tiefgefrorene Erbsen • 750 g mehlig kochende Kartoffeln • etwa 200 ml Milch • 2 EL Butter • Muskatnuss • 1 Bund Schnittlauch

Die Zwiebeln abziehen und längs achteln. Das Rapsöl in einer großen Pfanne erhitzen und die Zwiebelspalten darin kurz anschwitzen. Etwas Zucker darüber streuen. Wenn er sich aufgelöst hat, die Zwiebeln mit Salz und etwas getrocknetem Majoran abschmecken.

Die Frankfurter Würstchen schräg in nicht zu kleine Stücke schneiden. Den Apfel vierteln, entkernen und in Stifte schneiden. Apfelstifte und Würstchen zu den Zwiebeln geben und kräftig durchbraten. Mit Salz und frisch gemahlenem Pfeffer abschmecken.

Den Speck fein würfeln und in einer Pfanne knusprig braten. Auf Küchenpapier entfetten. Die Erbsen in wenig Salzwasser 5 bis 8 Minuten garen und abgießen. Die Kartoffeln schälen, würfeln und in wenig Salzwasser weich kochen. Das Wasser bis auf einen kleinen Rest abgießen.

Zunächst 150 Milliliter Milch zu den Kartoffeln gießen und zum Kochen bringen. Die Kartoffeln zerstampfen und bei Bedarf noch etwas Milch einrühren. Die Erbsen, den Speck und die Butter mit dem Kartoffelpüree mischen. Mit Salz, Pfeffer und frisch geriebener Muskatnuss abschmecken.

Den heißen Kartoffelbrei in einen Spritzbeutel mit weiter Tülle füllen und 4 Nester auf 4 Teller spritzen. Die Zwiebel-Wurst-Masse in die Mitte füllen und mit Schnittlauchröllchen bestreuen.

Gurken, insbesondere Schlangengurken aus dem Freiland, schmecken nicht nur als Salat, sondern auch geschmort in einer feinen Sauce außerordentlich köstlich. Beim Garen ist darauf zu achten, dass die Gurken nicht zu weich werden. Je nach Witterung sind die Früchte mehr oder weniger fest.

Gurkengemüse mit Röstkartoffeln

Für 4 Portionen

2 große Salatgurken • 1 Bund Frühlingszwiebeln • 2 EL Butter • 200 g Schmand • 5 feste Tomaten • Salz • weißer Pfeffer • Zucker • 2 bis 3 kleine Salzgurken • 4 Paar Frankfurter Würstchen • 1 Bund Dill • 1 kg kleine, fest kochende Kartoffeln • Butterschmalz • grobes Meersalz

Die Gurken schälen und längs halbieren. Ein feines Sieb über eine Schüssel hängen. Die halbierten Gurken über das Sieb halten und mit einem Teelöffel entkernen. Die Gurkenhälften in knapp 1 Zentimeter große Scheiben schneiden. Die Frühlingszwiebeln putzen, den hellen Teil klein schneiden, das dunkle Zwiebelgrün in Röllchen schneiden und beiseite legen.

Die Butter in einem Topf zerlassen und die Frühlingszwiebeln darin leicht anschwitzen. Die Gurken sowie etwas Gurkenflüssigkeit hinzufügen und das Gemüse so lange garen, bis es noch einen leichten Biss hat. Weitere Gurkenflüssigkeit nach Bedarf dazugießen. Den Schmand mit den Gurken mischen.

Die Tomaten von den Stielansätzen befreien. Die Früchte kurz in kochendes Wasser tauchen, häuten, entkernen und in Streifen schneiden. Die Tomatenstücke zu den Gurken geben und alles mit Salz, frisch gemahlenem Pfeffer und etwas Zucker abschmecken. Die Salzgurken sehr fein würfeln und mit dem Gurkengemüse mischen.

Die Frankfurter Würstchen in dünne Scheiben schneiden. Würstchen und Zwiebelgrün zu den Gurken geben und 3 bis 4 Minuten erhitzen. Den Dill fein schneiden und über das Gemüse streuen. Die Kartoffeln in wenig Wasser 25 Minuten garen, abgießen, pellen und in Butterschmalz rundherum goldgelb rösten. Mit grobem Meersalz bestreuen und zu dem Gurkengemüse reichen.

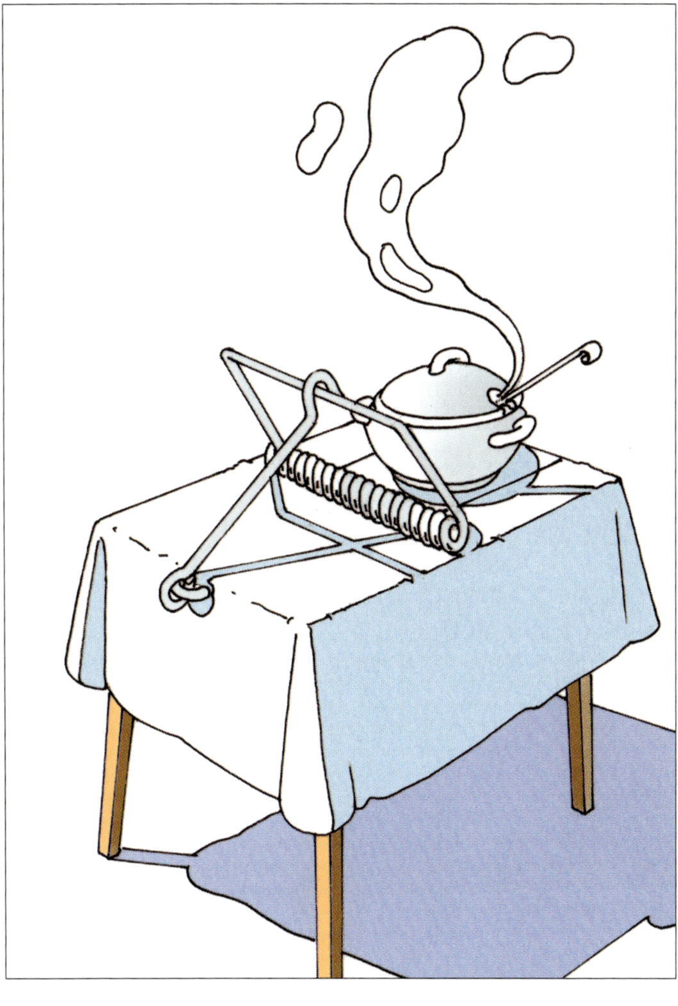

In den Sommermonaten können wir aus einem großen Angebot heimischer Gemüse schöpfen. In den heißen Tagen wünschen sich die Menschen eine leichte, aber dennoch leckere Mahlzeit. Grüne Soße mit Kartoffeln, ein Lieblingsgericht der Frankfurter, wird durch eine gemischte Gemüseplatte mit Original Frankfurter Würstchen zu einem originellen Sommerhit.

Sommerliche Gemüseplatte mit grüner Soße

Für 4 Portionen

250 g junge Möhren • 500 g weißer Spargel • 500 g grüner Spargel • 250 g grüne Bohnen • 1 Bund Frühlingszwiebeln • Salz • 6 EL Butter • weißer Pfeffer • Muskatnuss • 750 g kleine, festkochende Kartoffeln • 400 ml Kalbsfond (Fertigprodukt) • 5 große Lorbeerblätter • 1 Packung Frankfurter grüne Soße oder 250 g gemischte Kräuter • 1 Bund Rucola • 200 g Schmand • 2 EL Majonäse • 150 g Jogurt • Senf • 1 Gewürzgurke • 1/2 Apfel • 4 EL kleine Kapern • 4 Paar Frankfurter Würstchen • 4 hart gekochte Eier • 4 Scheiben Bauernschinken

Das Grün der Möhren schräg so abschneiden, dass etwa 2 Zentimeter Grün stehen bleiben. Die Möhren mit einem Sparschäler schälen. Den weißen Spargel sorgfältig, beim grünen Spargel nur das untere Drittel schälen, alle holzigen Enden wegschneiden. Die Bohnen und die Frühlingszwiebeln putzen. Das Gemüse getrennt in Salzwasser oder gemeinsam über Dampf bissfest garen.

Das Gemüse dekorativ auf einer großen Platte anrichten. 4 Esslöffel Butter vorsichtig bräunen und langsam ohne den Bodensatz über das Gemüse träufeln, warmhalen. Mit Salz, frisch gemahlenem Pfeffer und geriebener Muskatnuss bestreuen.

Die Kartoffeln gründlich abbürsten und mit einem Spießchen rundherum mehrmals einstechen. Die Kartoffeln in dem Kalbsfond mit den Lorbeerblättern garen, abgießen und mit der restlichen Butter mischen. Die heißen Kartoffeln salzen und zum Gemüse legen.

Die grüne Soße und den Rucola putzen, waschen, gut abtropfen lassen und fein hacken. Den Schmand mit der Majonäse, dem Jogurt und etwas Senf verrühren. Die Gewürzgurke und den entkernten Apfel sehr fein würfeln. Mit den Kapern zur Schmandmischung geben und die Kräuter einrühren. Mit Salz und Pfeffer abschmecken.

Die Frankfurter Würstchen in siedendem Wasser 5 bis 8 Minuten ziehen lassen. Die Eier pellen und halbieren. Die Würstchen mit den Eiern und dem Schinken auf dem heißen Gemüse anrichten. Die grüne Soße getrennt dazu reichen.

Auch unsere Nachbarn lieben Frankfurter Würstchen

Das Wichtigste bei einer Suppe ist die Brühe. Wer´s eilig hat, nimmt von der Industrie hergestellte Granulate, Pulver oder Pasten. Aber um wie viel besser schmeckt eine hausgemachte Brühe aus Gemüse, Knochen, Fleisch und Kräutern.

Champignoncremesuppe mit Würstchen

Für 4 Portionen

500 g Hühnerklein • 2 EL Sonnenblumenöl • 1 Bund Suppengrün • 2 Stängel Thymian • 2 Lorbeerblätter • 1 Knoblauchzehe • 4 Schalotten • 100 g Butter • 800 g braune Champignons • 3 EL Mehl • 2 Paar Frankfurter Würstchen • 200 g süße Sahne • 2 Eigelb • Salz • weißer Pfeffer • 4 EL gehackte Petersilie • 4 TL frische Kerbelblättchen

Das Hühnerklein in dem heißen Öl goldgelb anbraten. Das Suppengrün putzen, würfeln und mit dem Hühnerklein kurz rösten. Thymian, Lorbeerblätter und die geschälte Knoblauchzehe sowie 1 Liter Wasser hinzufügen und die Brühe 1 Stunde köcheln lassen.

Die Schalotten abziehen und würfeln. Etwa 2 Esslöffel Butter in einem Topf zerlassen und die Schalotten darin anschwitzen. Die Champingons putzen, 4 bis 5 schöne Pilze beiseite legen, den Rest klein hacken und zu den Schalotten geben. Die Pilze leicht anbraten. Das Mehl darüber streuen und gut verrühren. Die heiße Brühe durch ein Sieb dazugießen und gut mischen. Die Suppe 10 Minuten offen sanft köcheln lassen.

Die zurückgelegten Pilze blättrig schneiden und in etwas Butter rasch anbraten. Die restliche Butter zur Suppe geben und mit dem Mixstab pürieren. Die Frankfurter Würstchen klein schneiden. Die Sahne mit den Eigelben mischen und in die Suppe einrühren. Die Wurst hinzufügen und alles 5 Minuten erhitzen. Die Suppe mit Salz und frisch gemahlenem Pfeffer abschmecken. Die gebratenen Pilze mit Petersilie und Kerbel mischen und in die Suppe streuen.

Frankreich

Ob nun Quiche Lorraine, Flammkuchen oder Champignontarte – immer liegt auf einem dünnen, knusprigen Teigboden ein würziger Belag. Am besten schmeckt die Quiche frisch aus dem Ofen. Dazu passt ein gut gekühlter leichter Weiß- oder Roséwein oder auch der prickelnde Cidre, der französische Bruder unseres Ebbelweis. Die Quiche wird in einer speziellen Quicheform oder auf dem bewährten Backblech gebacken.

Sauerkraut-Quiche

Für 4 Portionen

400 g Mehl • 200 g kalte Butter • 1 TL Kümmel • 1 Ei • Salz • Butter fürs Backblech • 250 g Zwiebeln • 2 EL Butterschmalz • 750 g Fass-Sauerkraut • 1 Glas Weißwein • 1 rote Paprikaschote • 1 grüne Chilischote • Cayennepfeffer • 1 EL Tomatenmark • 150 g Schmand • 1 großes Ei • 4 Paar Frankfurter Würstchen • 6 EL Mandelblättchen

Das Mehl in eine Schüssel sieben. Die kalte Butter in Flöckchen darüber verteilen. Den Kümmel grob hacken. Mit dem Ei und knapp einem Teelöffel Salz zum Mehl geben. Alle Zutaten rasch zu einem glatten Teig verarbeiten. Ein Backblech gut mit Butter einfetten und den Teig darauf dünn ausrollen. Das Backblech 2 Stunden kühl stellen.

Inzwischen die Zwiebeln abziehen, klein schneiden und in heißem Butterschmalz glasig schwitzen. Das Sauerkraut und den Weißwein zu den Zwiebeln geben und zum Kochen bringen. Die Paprikaschote mit einem Sparschäler schälen, Trennwände und Kerne entfernen. Die Frucht in kleine Würfel schneiden und mit dem Sauerkraut 15 Minuten offen garen, bis alle Flüssigkeit verdampft ist.

Die Chilischote mit oder ohne Kerne fein hacken und zum Sauerkraut geben. Mit Cayennepfeffer und Salz abschmecken. Das Tomatenmark mit dem Schmand und dem Ei glatt rühren. Mit Salz und Cayennepfeffer würzen. Die Frankfurter Würstchen in dünne Scheiben schneiden.

Das Sauerkraut mit dem angerührten Schmand und den Würstchen mischen. Auf den Teig streichen und mit den Mandelblättchen bestreuen. Im vorgeheizten Backofen bei 200 Grad auf der unteren Schiene 30 bis 35 Minuten backen.

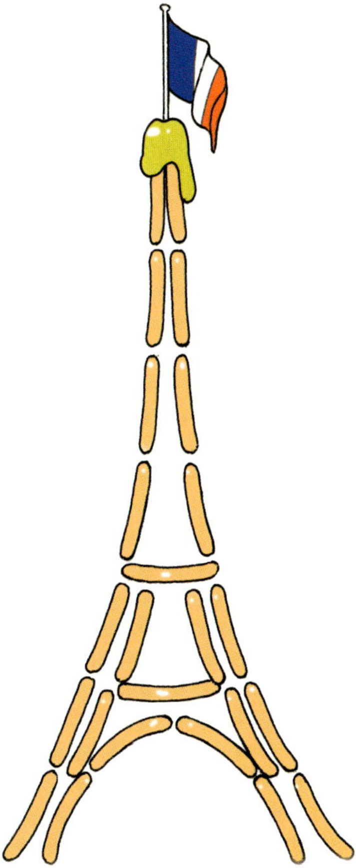

Frankreich

Crêpes, die hauchdünnen Eierkuchen, gehören zu Frankreich wie der Eiffelturm nach Paris. Die köstlichen Pfannkuchen werden pur genossen, schmecken aber auch flambiert, süß oder pikant gefüllt. Hier nun ein Crêperezept, in dem es zu einer wunderbaren Liaison zwischen Frankfurter Würstchen und französischem Käse kommt.

Gefüllte Crêpes

Für 4 Portionen
3 Eier • Salz • 5 EL Mehl • 200 ml Milch • etwas Mineralwasser • 2 EL flüssige Butter • Butterschmalz zum Braten • 200 g Chaumes • 2 Paar Frankfurter Würstchen • 10 Walnusskerne • Ahornsirup

Die Eier mit Salz und Mehl glatt rühren. Die Milch einrühren und den Teig 30 Minuten ruhen lassen. Soviel Mineralwasser dazugießen, bis der Teig dünnflüssig ist. Zum Schluss die flüssige Butter einrühren.

Etwas Butterschmalz in einer großen oder mittleren Pfanne erhitzen und nacheinander 4 bis 8 dünne Crêpes backen. Den Käse in 4 bzw. 8 Stücke schneiden. Die Würstchen quer halbieren. Die Walnüsse grob hacken. Die Crêpes einmal zusammenklappen. Auf jeweils ein Viertel den Käse legen und darauf ein Stück Wurst geben. Die Crêpes zu einem Viertel zusammenschlagen.

Die gefüllten Crêpes nebeneinander in eine feuerfeste Form legen und im heißen Backofen bei 180 Grad einige Minuten erhitzen, bis der Käse geschmolzen ist. Die Crêpes mit den Walnüssen bestreuen und mit wenig Ahornsirup beträufeln.

Frankreich

Es ist logisch, dass in einem Weinland wie Frankreich auch gern mit Wein gekocht wird. Der kräftige, dunkle Burgunder Rotwein eignet sich besonders gut dafür. Baden ursprünglich mürbe Rindfleischstückchen in der würzigen Burgundersauce, gesellen sich bei meinem Rezept zu zarten Champignons natürlich echte Frankfurter Würstchen. Dazu schmecken am besten goldgelb frittierte Kroketten.

Frankfurter Würstchen in Burgundersoße

Für 4 Portionen

4 Schalotten • 1 Bund Suppengrün • 2 EL Butterschmalz • 1 TL Tomatenmark • 1 Lorbeerblatt • 3 Petersilienstängel • 2 Stängel Thymian • 250 ml roter Burgunder • 100 g kalte Butter • 200 g kleine braune Champignons • 6 Paar Frankfurter Würstchen • 2 EL gehackte Petersilie

Die Schalotten abziehen, das Suppengrün putzen und bei Bedarf schälen. Alles klein schneiden und in heißem Butterschmalz in einem Topf kurz anschwitzen. Das Tomatenmark, das Lorbeerblatt, die Kräuterstängel und den Burgunder dazugeben und offen 15 Minuten kochen. Dann neben dem Herd weitere 15 Minuten ziehen lassen. Den Sud durch ein Sieb in einen sauberen Topf gießen.

Etwas Butter in einer Pfanne zerlassen. Die Champignons putzen und vierteln. In der heißen Butter 3 Minuten schmoren. Dann zum Weinsud geben. Die Frankfurter Würstchen schräg in mundgerechte Stücke schneiden und in dem heißen Sud einige Minuten ziehen lassen. Die restliche Butter in Flöckchen einschwenken und die Petersilie unterheben.

Frankreich

Die französische Küche hat uns eine Reihe köstlicher Gerichte beschert. Dazu gehört auch das sahnige Kartoffelgratin. Mit der richtigen Kartoffel und fein abgestimmten Gewürzen sowie einer guten Beobachtungsgabe kann eigentlich nichts schief gehen. Weil ein Gratin nicht auf die Genießer wartet, sondern die Genießer auf das Gratin warten müssen, sollte die Köchin oder der Koch das Objekt der Begierde ständig im Auge behalten und im richtigen Augenblick auf den Tisch stellen.

Kartoffelgratin

Für 4 Portionen

500 g fest kochende Kartoffeln • Butter für die Form • 1 Knoblauchzehe • Salz • weißer Pfeffer • Muskatnuss • 250 g süße Sahne • 4 EL Mandelblättchen • 1 EL frische Thymianblättchen • 5 EL Butter • 1 Bund Frühlingszwiebeln • 4 Paar Frankfurter Würstchen • 150 g Feldsalat • 1 Schalotte • 3 EL Sherryessig • 6 EL Walnussöl • 1 TL rosa Pfefferkörner

Die Kartoffeln schälen und in dünne Scheiben hobeln. Eine weite Form mit der halbierten Knoblauchzehe einreiben, dann die Form mit Butter einfetten. Zunächst auf den Boden der Form dachziegelartig eine Schicht Kartoffelscheiben legen. Mit Salz, frisch gemahlenem Pfeffer und geriebener Muskatnuss würzen. Die Form auf diese Weise mit den Kartoffeln füllen.

Die Sahne ebenfalls mit etwas Salz, Pfeffer und Muskatnuss würzen und über die Kartoffeln gießen. Die Mandelblättchen und die Thymianblättchen über die Kartoffeln streuen. Ein paar Butterflöckchen über das Gratin geben und im vorgeheizten Backofen bei 200 Grad auf der mittleren Schiene 35 bis 45 Minuten goldgelb backen.

Die restliche Butter erhitzen. Die Frühlingszwiebeln putzen, die dunklen Spitzen wegschneiden. Die Frühlingszwiebeln in der heißen Butter weich schmoren. Die Frankfurter Würstchen in siedendem Wasser 5 bis 8 Minuten ziehen lassen. Würstchen und Frühlingszwiebeln abwechselnd auf einer Platte anrichten.

Den Salat putzen, waschen und gut abtropfen lassen. Die Schalotte abziehen und fein würfeln. Beides in eine Schüssel geben. Den Essig mit dem Öl, Salz und Pfeffer cremig rühren und über den Salat träufeln. Die rosa Pfefferkörner grob mörsern und über den Salat streuen.

Spanien

Die iberische Halbinsel ist ein Land der Gegensätze: Hier schneebedeckte Berge, dort saftiges Ackerland und am Rand sonnendurchflutete Strände am rauschenden Meer. In Spanien hinterließen seit altersher verschiedene Völker wie die Iberer, Kelten, Phönizier, Karthager, Griechen, Römer, Germanen und Araber ihre Kultur und Essgewohnheiten. So verwöhnt uns Spanien sowohl mit einfachen bäuerlichen als auch mit raffinierten Speisen.

Gemüseauflauf mit Eiern

Für 4 Portionen

500 g grüner Spargel • 200 g Buschbohnen • 2 Möhren • 1 rote Paprikaschote • 250 g fest kochende Kartoffeln • 1 Tasse tiefgefrorene Erbsen • Salz • weißer Pfeffer • Muskatnuss • 2 Schalotten • 4 EL Butter • 5 EL Olivenöl • 50 ml trockener Sherry • 100 g süße Sahne • 100 g Serranoschinken • 100 g Bacon • 20 Frankfurter Cocktailwürstchen • 4 Eier • 12 schwarze Oliven • 4 EL grob gehackte Petersilie

Den Spargel am unteren Dritten schälen, holzige Enden wegschneiden. Die Bohnen putzen und waschen. Die Möhren und die Paprikaschote mit einem Sparschäler schälen. Das Gemüse in mundgerechte Stücke schneiden. Die Kartoffeln schälen, längs in dünne Scheiben hobeln, dann in dünne Stifte schneiden. Spargel, Bohnen, Möhren, Paprika und Erbsen getrennt in Salzwasser bissfest garen und abgießen. Das Gemüse mit frisch gemahlenem Pfeffer und geriebener Muskatnuss würzen.

Die Schalotten abziehen und längs vierteln. Die Kartoffelstifte in etwas Butter und Öl goldgelb braten. Auf Küchenpapier entfetten. Die Schalotten in etwas Fett weich schmoren. Das Gemüse mit den Kartoffeln und den Schalotten in eine feuerfeste

Form schichten und mit dem restlichen Öl beträufeln. Den Sherry mit der Sahne mischen, mit Salz und Pfeffer würzen. Den Schinken in Streifen schneiden. Den Schinken über das Gemüse streuen und mit der Sahne begießen.

Das Gemüse im vorgeheizten Backofen bei 200 Grad 15 bis 20 Minuten garen. Inzwischen den Bacon knusprig braten. Die Frankfurter Cocktailwürstchen in dem Baconfett sanft braten. Die restliche Butter erhitzen und in einer Pfanne 4 Spiegeleier braten. Die Würstchen, den Bacon und die Spiegeleier aufs Gemüse setzen. Mit Oliven und Petersilie bestreuen.

Spanien

Die Urkartoffel stammt aus den Anden. Als die Spanier im 16. Jahrhundert die Neue Welt eroberten, lernten sie bei den Indianern die Kartoffel kennen, „deren Schale so dünn war wie die von Trüffeln". Auch lobten sie den guten Geschmack der mehligen Wurzel und fanden Kartoffelgerichte durchaus köstlich – sogar für Spanier.

Kartoffeltortilla

Für 4 Portionen
2 Zwiebeln • 1 Knoblauchzehe • 4 EL Butter • 3 Paar Frankfurter Würstchen • 500 g fest kochende Kartoffeln • Salz • schwarzer Pfeffer • Cayennepfeffer • 150 ml Olivenöl • 6 Eier • 4 EL grob gehackte Petersilie

Die Zwiebeln abziehen und in dünne Ringe hobeln. Den Knoblauch ebenfalls abziehen und fein hacken. Die Butter in einer großen Pfanne zerlassen und die Zwiebelringe darin weich schmoren. Den Knoblauch hinzufügen. Die Frankfurter Würstchen in dünne Scheiben schneiden. Die Kartoffeln schälen und in dünne Scheiben hobeln.

Kartoffelscheiben, Zwiebeln und Würstchen in einer Schüssel mischen. Mit Salz, frisch gemahlenem Pfeffer, Cayennepfeffer und 100 Milliliter Öl mischen. Diese Masse zurück in die Pfanne geben und bei milder Hitze 2 Minuten anbraten. Die Eier mit dem restlichen Öl verrühren, mit Salz, Pfeffer, Cayennepfeffer und Petersilie würzen und über die Kartoffelmasse gießen. Etwa 10 Minuten braten. Die Tortilla wenden und weitere 10 Minuten braten.

Spanien

Das Ei ist ein rundherum gesundes und immer verfügbares Nahrungsmittel. Selbstverständlich sollte der Käufer darauf achten, dass die Hühner, die uns den Eiersegen bescheren, auch artgerecht gehalten und ernährt werden. Ein solches Ei ist etwas teurer, aber dafür ersparen wir den Produzenten arge Pein.

Frankfurter Würstchen in Eiersoße

Für 4 Portionen
1 Zwiebel • 2 Knoblauchzehen • 2 EL Butterschmalz • 2 EL Mehl • 100 ml trockener Sherry • 150 ml Fleischbrühe • 1 Döschen Safranpulver • Salz • weißer Pfeffer• gemahlene Gewürznelken • gemahlener Kreuzkümmel • 1 Tasse tiefgefrorene Erbsen • 20 Frankfurter Cocktailwürstchen • 40 g gemahlene Mandeln • 2 hart gekochte Eier • 2 Eigelb • 150 g Schmand • 4 EL frische Kerbelblättchen

Die Zwiebel und den Knoblauch abziehen und fein hacken. Beides in heißem Butterschmalz anschwitzen. Das Mehl darüber stäuben und kurz rösten. Den Sherry mit der Fleischbrühe zum Kochen bringen und unter Rühren zu den Zwiebeln gießen. Bei milder Hitze 3 Minuten köcheln lassen.

Die Soße nach Belieben durch ein feines Sieb streichen und mit Safran, Salz, frisch gemahlenem Pfeffer, Nelken- und Kreuzkümmelpulver würzen. Die Erbsen in wenig Salzwasser 5 bis 8 Minuten garen, abgießen und mit der Soße mischen. Die Würstchen in der Soße 5 bis 8 Minuten ziehen lassen.

Inzwischen die Mandeln in einer fettfreien Pfanne leicht rösten. Die Eigelbe aus den hart gekochten Eiern lösen und klein hacken. Die beiden rohen Eigelbe mit dem Schmand, den hart gekochten Eigelben und den gerösteten Mandeln verrühren und mit der Soße mischen. Das hart gekochte Eiweiß fein würfeln und mit den Kerbelblättchen vermengen. Kurz vor dem Anrichten über die Eiersoße streuen.

Italien

In der Toskana liebt man die kleinen weißen Bohnen, die Zolfini und Cannellini. Eilige dürfen auch die fertig gekochten weißen Bohnen aus der Dose verwenden, aber frisch gekochte Bohnen schmecken um vieles köstlicher. Und während der Garzeit kann man sich einer netten Vorspeise oder einer zuckersüßen Nachspeise widmen oder gelassen ein Gläschen Chianti und ein spannendes Buch genießen.

Weiße-Bohnen-Suppe

Für 4 Portionen

300 g getrocknete weiße Bohnen • 500 g Hühnerflügel • 7 EL Olivenöl • 1 Bund Suppengrün • 1 Lorbeerblatt • 4 Stängel Thymian • Salz • 200 g durchwachsener Speck • 2 Dosen Pizzatomaten • 4 Knoblauchzehen • 3 Paar Frankfurter Würstchen • 1 Bund frischer Salbei

Die Bohnen über Nacht in reichlich kaltem Wasser einweichen. Die Hühnerflügel in einem Topf in etwas Olivenöl leicht anbraten. Das Suppengrün putzen und würfeln. Gut 1,5 Liter kaltes Wasser zu den Flügeln gießen und 2 Stunden mit dem Suppengrün und dem Lorbeerblatt köcheln lassen. Die Brühe durch ein Sieb in einen neuen Topf gießen. Die Bohnen abgießen und in der Brühe mit dem Thymian, etwas Salz und dem Speck garen.

Den Speck herausnehmen und würfeln. Die Pizzatomaten offen in einem Topf 10 Minuten einkochen. Den Knoblauch abziehen und durch die Presse zu den Tomaten drücken. Die Frankfurter Würstchen in dünne Scheiben schneiden und zu den Tomaten geben. Die Bohnen abgießen und mit den Tomaten erhitzen. Die Salbeiblätter in dem restlichen Öl braten und über die Bohnen streuen.

Hier kommt ein italienischer Klassiker, der jedoch fast nur echte hessische Zutaten verwendet, wobei eine ganz neue, aber dennoch sehr schmackhafte Vorspeise entsteht, zu der ein Laugenbrötchen besonders gut mundet. Grüne Soße ist außerhalb Hessens kaum erhältlich. Auf Wochenmärkten sind jedoch die sieben benötigten Kräuter zu bekommen: Für das Pesto benötigen Sie 125 Gramm Kräuter, nämlich Petersilie, Kresse, Schnittlauch, Borretsch, Sauerampfer, Pimpinelle und Kerbel oder eine andere Mischung.

Würstchen-Carpaccio mit Grüne-Soße-Pesto

Für 4 Portionen

4 Paar Frankfurter Würstchen • 1 Packung grüne Soße • 3 EL Walnusskerne • 2 Knoblauchzehen • 100 bis 125 ml Rapsöl • Zitronensaft • Salz • weißer Pfeffer • 4 Laugenbrötchen • Butter

Die Würstchen der Länge nach mit einem scharfen Messer in dünne Scheiben schneiden. Die grüne Soße halbieren, eine Hälfte für einen gemischten Salat verwenden. Die andere Hälfte putzen, waschen und gut abtropfen lassen. Die Kräuter grob schneiden.

Die Walnusskerne in einer fettfreien Pfanne leicht rösten und grob hacken. Den Knoblauch abziehen und ebenfalls grob hacken. Kräuter, Walnusskerne und Knoblauch im Mörser fein zerreiben oder im Blitzhacker zerkleinern. Nach und nach das Rapsöl hinzufügen und alles zu einer glatten Paste verarbeiten.

Das Pesto mit Zitronensaft, Salz und frisch gemahlenem Pfeffer abschmecken. Die Laugenbrötchen im heißen Backofen aufbacken. Die Würstchenscheiben sternförmig auf 4 Tellern anordnen und mit Pesto bestreichen. Die Brötchen einmal durchschneiden, mit Butter bestreichen und wieder zusammenklappen.

Wer hat die Nudeln erfunden? Die Italiener! Nein, die Chinesen waren´s! Aber die Italiener haben aus Nudeln hunderte von Pastagerichten kreiert, eines köstlicher als das andere. Ganz gleich, ob man die Menschen in Hamburg oder Berlin, in München oder Frankfurt fragt – wenn´s ums genussvolle Essen geht, wollen fast alle zum Italiener und Pasta genießen. Hier nun unser Gruß aus Frankfurt an alle Italiener und Pastafans.

Farfalle mit Würstchen und roten Zwiebeln

Für 4 Portionen

300 g rote Zwiebeln • 2 EL Butterschmalz • 200 g Mascarpone • 2 EL Tomatenketschup • Salz • 1 TL schwarze Pfefferkörner • 4 Paar Frankfurter Würstchen • 4 EL frischer Oregano • 350 g Farfalle • 2 EL Butter • 150 g Pecorino

Die Zwiebeln abziehen und längs achteln. Das Butterschmalz erhitzen und die Zwiebeln darin weich, aber nicht braun schmoren. Den Mascarpone mit dem Tomatenketschup zu den Zwiebeln geben und erhitzen. Mit Salz abschmecken. Die schwarzen Pfefferkörner im Mörser zerreiben. Die Frankfurter Würstchen schräg in dünne Scheiben schneiden. Mit dem Oregano zur Zwiebel-Mascarpone-Sauce geben.

Vier Liter Wasser zum Kochen bringen, salzen und die Farfalle darin bissfest garen. Die Nudeln abgießen und sofort mit der Butter in einer angewärmten Schüssel mischen. Den Käse reiben, ein Drittel davon mit der Soße mischen. Die Zwiebel-Mascarpone-Soße mit den heißen Nudeln verrühren. Die gemörserten Pfefferkörner darüber streuen und mit dem restlichen Käse anrichten.

Italien

Pizzas zählen mit zu den beliebtesten Gerichten der Deutschen. Ganz Eilige backen die tiefgefrorene Pizza lediglich im eigenen Backofen auf. Feinschmecker würzen das von Dr. Oetker & Co. hergestellte Objekt ihrer Begierde zusätzlich mit Oliven, Kapern, Kräutern und geben Champignon- oder Salamischeiben dazu und sie streuen etwas geriebenen Käse darüber. Die Frankfurter Pizza könnte sich zu einem Hit entwickeln, die selbst Italiener nicht vom Teller schubsen würden.

Frankfurter Würstchenpizza

Für 1 runde Pizza

250 g Mehl • 1/2 Würfel Hefe • 1 Prise Zucker • 2 EL Olivenöl • 1/2 TL getrockneter Oregano • Salz • Butter fürs Blech • 300 g Zwiebeln • 2 Knoblauchzehen • 2 EL Butterschmalz • 1 TL frische Majoranblätter • 50 g Schinkenspeck • 3 Paar Frankfurter Würstchen • 150 g geriebener junger Gouda • 1 kleines Stück frischer Meerrettich

Das Mehl in eine Schüssel sieben. Mit einem Löffel eine Mulde drücken und dort hinein die Hefe bröckeln. Etwas Zucker darüber streuen und die Hefe mit einigen Esslöffeln lauwarmem Wasser glatt rühren. Die Schüssel abdecken und für 10 Minuten beiseite stellen.

Das Olivenöl mit 100 Milliliter warmem Wasser, dem getrockneten Oregano und etwas Salz verrühren. Über das Mehl gießen und alles zu einem glatten Teig verkneten. Falls der Teig an den Händen klebt, noch etwas Mehl hinzufügen. Den Teig zu einer Kugel formen, zurück in die Schüssel legen, abdecken und 1 Stunde gehen lassen.

Ein Backblech oder ein großes, rundes Pizzablech dick mit weicher Butter einfetten. Zwiebeln und Knoblauch abziehen. Zwiebeln in dünne Ringe schneiden, Knoblauch durch die Presse drücken. Das Butterschmalz in einer großen Pfanne erhitzen und Zwiebelringe und Knoblauch darin unter Rühren 3 Minuten schmoren. Mit Salz und Majoran würzen. Schinkenspeck in feinste Würfel schneiden und mit den Zwiebeln mischen.

Den Teig ausrollen und aufs Blech setzen. Einen kleinen Rand hoch ziehen. Die Zwiebeln darauf verteilen und im vorgeheizten Backofen bei 200 Grad auf der unteren Schiene 20 Minuten backen. Die Frankfurter Würstchen in siedendem Wasser 5 bis 8 Minuten ziehen lassen. Dann in nicht zu dünne Scheiben schneiden und auf der Pizza verteilen. Mit dem Käse bestreuen und weitere 5 bis 10 Minuten backen. Den Meerrettich schälen und grob über die heiße Pizza raspeln.

Italien

Der Reis stammt aus Asien. Wahrscheinlich brachten spanische und portugiesische Reisende den Reis von dort in ihre Heimatländer. Spanische Truppen sollen den Reis dann nach Norditalien gebracht haben. Und hier wurde wahrscheinlich auch zum ersten Mal Reis mit Brühe, Gemüse, Fleisch und Kräutern gekocht. Dank gebührt allen italienischen Mamas, die die wunderbaren Risotti „erfunden" haben.

Risotto mit Schinken und Wurst

Für 4 Portionen

2 Schalotten • 2 EL Butterschmalz • 400 g Risottoreis • 1 Glas Weißwein • etwa 1,2 l heiße Hühnerbrühe • 1 Döschen Safranpulver • 4 EL geriebener Parmesan • Salz • weißer Pfeffer • 100 g Pancetta • 3 Paar Frankfurter Würstchen • 1 Radicchio • 75 g Butter • 4 EL grob gehackte Petersilie

Die Schalotten abziehen und fein würfeln. Das Butterschmalz in einem Topf erhitzen und die Schalotten mit dem Reis darin glasig schmoren. Den Wein angießen und so lange rühren, bis der Reis den Wein aufgesogen hat. Nun immer nur so viel heiße Brühe mit dem Safran dazugießen, wie der Reis aufnehmen kann. Und dabei immer gleichmäßig mit einem Holzlöffel rühren.

Nach 20 bis 30 Minuten sollte der Reis gar sein, aber noch Biss haben. Den Parmesan einrühren und mit Salz und frisch gemahlenem Pfeffer abschmecken.

Den Pancetta würfeln. Die Frankfurter Würstchen in dünne Scheiben schneiden. Den Radicchio putzen und in Streifen schneiden. Die Hälfte der Butter in einer Pfanne erhitzen und

Pancetta, Würstchen und Radicchio darin kurz braten. Die restliche Butter darin zerlassen und alles mit dem Risotto mischen und mit Petersilie bestreuen.

In Norditalien liebt man die Gegensätze: fruchtige Äpfel, süße Zwiebeln und herzhafte Wurst – ein einfaches Gericht mit großem Geschmack. Das toskanische Weißbrot ist deutschem Weißbrot vorzuziehen. Seine Krume ist kerniger und herzhafter im Geschmack. Toskanisches Weißbrot und Ciabatta gibt´s in gut sortierten Bäckereien und in italienischen Lebensmittelgeschäften.

Gefüllte Äpfel mit Zwiebelkompott

Für 4 Portionen

4 große Äpfel • 3 EL Butterschmalz • 100 g toskanisches Weißbrot, ohne Rinde • 175 ml Weißwein • 4 EL geriebener Parmesan • 3 Paar Frankfurter Würstchen • Salz • weißer Pfeffer • 2 EL Puderzucker • 500 g rote Zwiebel • 1/2 TL Instant-Hühnerbrühe • 3 Lorbeerblätter • 1 TL getrockneter Oregano • 4 EL Schmand • 4 EL frisch geraspelter Meerrettich • 2 EL Schnittlauchröllchen

Die Äpfel mit einem Apfelausstecher entkernen, dabei aber einen Boden stehen lassen. Die Öffnung mit dem Ausstecher soweit wie möglich vergrößern. Das Innere der Äpfel fein hacken. Das Butterschmalz zerlassen. Die Äpfel damit außen bestreichen und in eine feuerfeste Form setzen.

Das Brot fein würfeln und in dem heißen Butterschmalz goldgelb rösten. Das Brot in eine Schüssel geben. Die Hälfte des Weins und den geriebenen Parmesan einrühren. Die Frankfurter Würstchen längs halbieren und klein schneiden. Mit dem Brot mischen und mit Salz und frisch gemahlenem Pfeffer würzen. Die Füllung in die Äpfel geben und im vorgeheizten Backofen bei 180 Grad 30 bis 35 Minuten braten.

Inzwischen den Puderzucker in einem Topf hell karamellisieren. Die Zwiebeln abziehen und längs in Streifen schneiden. Zum Karamell geben und mit dem restlichen Wein ablöschen. Die Instant-Hühnerbrühe, die Lorbeerblätter und den Oregano einrühren und offen 15 bis 20 Minuten köcheln lassen.

Die Lorbeerblätter entfernen. Den Schmand mit der Hälfte des Meerrettichs mischen, mit Salz und Pfeffer würzen. Das Zwiebelkompott um die gebratenen Äpfel geben. Auf jeden Apfel einen Klecks Meerrettichschmand löffeln und mit Schnittlauchröllchen bestreuen.

Mexiko

Mexiko, das farbenprächtige Land in Mittelamerika, überrascht seine Gäste nicht nur mit kulturhistorischen Stätten, sondern auch mit einer hinreißenden Landschaft und einer höllisch scharfen Küche. Die scharfe Maissuppe schmeckt auch kalt und ohne Chilis.

Scharfe Maissuppe

Für 4 Portionen

500 g Hühnerflügel • 2 EL Olivenöl • 1 Chile chipotle (geräucherte Chilischote) • Salz • 3 Maiskolben oder 2 Dosen Gemüsemaiskörner • 2 Zwiebeln • 1 Knoblauchzehe • 1 grüne Chilischote • 1 rote Chilischote • 2 Paar Frankfurter Würstchen • schwarzer Pfeffer • 10 Koriandersamen • 1/2 Limette • 4 EL grob gehacktes Koriandergrün

Die Hühnerflügel in einem Esslöffel heißem Olivenöl in einem Topf goldgelb anbraten. Dann mit 850 Milliliter Wasser begießen, die Chilischote hinzufügen und alles 1 Stunde kochen lassen. Die Brühe 1 Stunde neben dem Herd ziehen lassen.

Etwa 1,5 Liter Salzwasser zum Kochen bringen und die geputzten Maiskolben darin 40 bis 50 Minuten garen, dann abgießen und etwas abkühlen lassen. Inzwischen die Zwiebeln und den Knoblauch abziehen und fein würfeln. In dem restlichen Öl weich schmoren. Die Brühe durch ein Sieb dazugießen.

Die einzelnen Maiskörner lösen. Etwa eine Tasse Maiskörner beiseite legen. Die anderen Maiskörner in der Brühe mit dem Mixstab pürieren. Die beiden frischen Chilischoten der Länge nach aufschneiden, Trennwände und Kerne nach Belieben entfernen. Die Schoten fein würfeln und mit den ganzen Maiskörnern zur Suppe geben. Die Frankfurter Würstchen schräg in dünne Scheiben schneiden.

Ein paar schwarze Pfefferkörner und die Koriandersamen im Mörser zerreiben und mit den Wurstscheiben zur Suppe geben und 3 bis 5 Minuten erhitzen. Etwas Limettenschale zur Suppe reiben, die halbe Frucht auspressen. Die Suppe mit Salz und Limettensaft abschmecken und mit gehacktem Koriandergrün bestreuen.

In Mexiko gibt es eine Vielzahl an scharfen und milden Chilischoten. Neben den frischen Schoten werden häufig auch getrocknete Chilis verwendet. Sie werden eingeweicht, in wenig Wasser gekocht und durch ein Sieb gestrichen. Bei allen Chilischoten sind besonders die Trennwände und die Kerne scharf. Werden sie entfernt, verringert das ihre Schärfe.

Bohnensalat mit Mango

Für 6 Portionen

250 g schwarze Bohnen • 1 Liter Instant-Geflügelbrühe • 1 rote Paparikaschote • 1 grüne Chilischote • 1 Bund Frühlingszwiebeln • 1 reife Mango • 1 Limette • 5 EL Olivenöl • 1 EL gehackter Ingwer • 2 EL gehacktes Basilikum • 2 EL gehacktes Koriandergrün • Salz • schwarzer Pfeffer • 2 Paar Frankfurter Würstchen

Die schwarzen Bohnen über Nacht in reichlich kaltem Wasser einweichen. Am folgenden Tag die Bohnen abgießen und in der Brühe weich kochen. Die Bohnen abgießen und in einer Schüssel abkühlen lassen.

Die Paprikaschote mit einem Sparschäler schälen, halbieren und fein würfeln. Die Chilischote mit oder ohne scharfe Kerne klein schneiden. Die Frühlingszwiebeln putzen und fein schneiden. Die Mango vom Kern schneiden, schälen und würfeln. Die Limette heiß waschen und trockenreiben. Etwas Schale zu den Bohnen reiben. Die Frucht auspressen.

Die Bohnen mit Paprika, Chili, Frühlingszwiebeln und Mango mischen. Die Hälfte des Limettensafts mit 4 Esslöffeln Öl cremig rühren und über die Bohnen gießen. Den Ingwer und die

Kräuter dazugeben und vermengen. Den Salat mit Salz und Pfeffer und eventuell mit weiterem Limettensaft abschmecken und 30 Minuten durchziehen lassen.

Die Frankfurter Würstchen in dünne Scheiben schneiden und rasch in dem restlichen Öl braten. Kurz vor dem Anrichten mit dem Salat mischen.

Mexiko

Die Mexikaner sind ein gastfreundliches und fröhliches Volk, das gern und häufig ausgelassene Feste feiert. Überall im Land findet man kleine Inbissstände, die Tortillas, Enchiladas, Burritos und gegrillte Maiskolben anbieten. Die dünnen Tortillas bestehen aus Mais- oder Weizenmehl, Salz und Wasser, sie werden auch bei uns angeboten. Die Tortillas werden belegt, gefüllt, gerollt und überbacken.

Überbackene Enchiladas

Für 4 Portionen

8 Tortillas (Fertigprodukt) • Olivenöl zum Braten • 1 Bund Frühlingszwiebeln • 4 Paar Frankfurter Würstchen • 1 Dose Pizzatomaten • Salz • schwarzer Pfeffer • 1 TL getrockneter Oregano • 2 rote Chilischoten • 400 g Doppelrahmfrischkäse • etwas Jogurt oder Milch • 125 g geriebener Cheddar • 2 EL grob gehacktes Koriandergrün

Die Tortillas in heißem Öl in einer Pfanne so lange braten, bis sie weich sind. Die Frühlingszwiebeln putzen, klein schneiden und dunkles Zwiebelgrün beiseite legen. Restliche Frühlingszwiebeln in etwas Olivenöl weich schmoren. Frankfurter Würstchen in siedendem Wasser 5 Minuten ziehen lassen.

Die Pizzatomaten offen 5 Minuten einkochen. Mit etwa der Hälfte der geschmorten Frühlingszwiebeln, Salz, frisch gemahlenem Pfeffer und etwas Oregano würzen. Die Chilischoten mit oder ohne scharfe Kerne fein würfeln. Die Hälfte zu den Tomaten geben. Die warmen Tortillas mit der Tomatensoße bestreichen.

Den Frischkäse mit etwas Jogurt oder Milch und der Hälfte des geriebenen Cheddars, den restlichen Frühlingszwiebeln und

Chiliwürfeln mischen. Mit Salz, Pfeffer, Oregano und Koriandergrün würzen. Gut die Hälfte der Frischkäsecreme auf die Tortillas streichen, jeweils in die Mitte ein Frankfurter Würstchen legen und die Tortillas aufrollen.

Eine feuerfeste Form mit etwas Öl einfetten, die Tortillas nebeneinander hineinlegen und mit der restlichen Frischkäsecreme bestreichen. Im vorgeheizten Backofen bei 200 Grad 10 Minuten überbacken. Mit dem restlichen geriebenen Käse bestreuen und weitere 10 Minuten backen. Mit dem zurückgelegten Zwiebelgrün garnieren.

Viele Zeitgenossen sind geradezu verrückt nach einem Hotdog. Zwischen zwei Brötchenhälften ruht ein heißes Würstchen, gewürzt mit Senf oder Ketschup. Hier eine moderne Luxusversion.

Frankfurter Hotdog

Für 4 Portionen

4 Laugenstangen • 2 Paar Frankfurter Würstchen • 4 grüne Salatblätter (Kopfsalat) • 1 Tube Senf • 4 rote Salatblätter (Lollo rosso) • 1 Tube Majonäse • süßsauer eingelegte Gewürzgurken • 1 Flasche Texicana Salsa oder Ketschup • 4 EL Röstzwiebeln (Fertigprodukt)

Die Laugenstangen im heißen Backofen aufbacken, dann längs halbieren. Die Frankfurter Würstchen in siedendem Wasser 5 bis 8 Minuten ziehen lassen. Jeweils ein helles und dunkles Salatblatt auf eine Brötchenhälfte legen, mit etwas Majonäse bestreichen und mit einigen Gurkenscheiben belegen.

Jeweils ein heißes Würstchen auf die Gurkenscheiben legen. Die anderen Brötchenhälften mit Senf bestreichen und beide Hälften übereinander legen. Etwas Salsa oder Ketschup auf die Würstchen geben und mit Röstzwiebeln bestreuen.

Der Kürbis zählt zu den alten Kulturpflanzen der Menschen. Halloween, ein amerikanisches Fest, um böse Geister zu vertreiben, wird am 31. Oktober gefeiert. Riesenkürbisse werden ausgehöhlt und mit einem scharfen Messer schneidet man ihnen ein hässliches Gesicht. Leuchtet dann von innen eine Kerze, verscheucht die Kürbisfratze garantiert alle bösen Geister.

Kürbissuppe

Für 4 Portionen

1 mittelgroßer Hokkaidokürbis • 1 kleiner Apfel • 1 Möhre • 250 bis 350 ml Hühner- oder Gemüsebrühe • 1 Lorbeerblatt • 200 g süße Sahne • 1 TL geriebener Ingwer • Salz • weißer Pfeffer • Muskatnuss • 1 Limette • 2 Paar Frankfurter Würstchen • 4 EL Kürbiskerne • etwas Kürbiskernöl

Den Kürbis vierteln, Kerne und weiche Fasern entfernen. Den Kürbis schälen und grob würfeln. Den Apfel und die Möhre ebenfalls schälen und klein schneiden. Das Kürbisfleisch, die Apfel- und Möhrenstücke in der Brühe mit dem Lorbeerblatt weich kochen.

Etwas Brühe in eine Schale gießen. Das Lorbeerblatt entfernen und die Sahne zum Kürbis gießen. Alles mit dem Mixstab pürieren. So viel Brühe wie nötig wieder dazugießen. Die Suppe mit geriebenem Ingwer, Salz, frisch gemahlenem Pfeffer und geriebener Muskatnuss würzen. Die Limette heiß waschen, trockenreiben und etwas Schale zur Suppe reiben. Die Frucht auspressen und die Suppe damit abschmecken.

Die Frankfurter Würstchen in dünne Scheiben schneiden und in der Suppe erhitzen. Die Kürbiskerne in einer fettfreien Pfanne rösten. Mit etwas Kürbiskernöl und Salz mischen. Dann mittelfein hacken und in die Suppe einrühren.

Pfannkuchen stehen nicht nur bei Kindern hoch im Kurs. Die Amerikaner beginnen ihr Frühstück gern mit frisch gebackenen Pfannkuchen, wozu knuspriger Speck und herbsüßer Ahornsirup gereicht werden. Wraps sind dünne Pfannkuchen, die lecker gefüllt, aufgerollt und aus der Hand gegessen werden. Ein netter Imbiss für zwischendurch und ein gern gegessener Partyspaß.

Wraps

Für 4 Portionen

3 Eier • 1 Prise Salz • 80 g Mehl • 200 bis 250 ml Milch • etwas Mineralwasser • 2 EL flüssige Butter • Butterschmalz zum Backen • 2 rote Zwiebeln • 1 grüne Paprikaschote • etwas Eisbergsalat • 2 Scheiben Gouda • 2 Paar Frankfurter Würstchen • etwas körniger Senf • etwas Majonäse

Die Eier mit etwas Salz und dem Mehl glatt rühren. 200 Milliliter Milch dazugeben und den Teig 30 Minuten ausquellen lassen. Bei Bedarf noch weitere Milch, das Mineralwasser sowie die Butter mit dem Teig mischen. In einer Pfanne etwas Butterschmalz zerlassen und aus dem Teig 4 Pfannkuchen backen. Die fertigen Pfannkuchen im 100 Grad heißen Backofen warm halten.

Die Zwiebeln abziehen, halbieren und in dünne Halbringe schneiden. In etwas Butterschmalz bissfest schmoren. Die Paprikaschote halbieren, mit einem Sparschäler schälen und Trennwände und Kerne entfernen. Die Paprikahälften in dünne Streifen schneiden.

Den Eisbergsalat und die Käsescheiben in schmale Streifen schneiden. Die Frankfurter Würstchen in siedendem Wasser 5 bis

8 Minuten ziehen lassen. Auf jeden Pfannkuchen etwas Salat, Zwiebelringe, Paprika- und Käsestreifen und ein quer halbiertes Würstchen legen. Die beiden Seiten und die Unterseite zur Mitte klappen, damit keine Füllung auslaufen kann. Die Wraps mit etwas körnigem Senf und Majonäse garnieren.

Kleine Kinder spielen bei uns gern „Cowboy und Indianer". Meistens sind es die Buben, die mit Cowboyhut und Federschmuck unter lautem Gejohle hintereinander her jagen. Nach dem aufregenden und kräfteverzehrenden Spiel stürmen sie nach Hause in die heimische Küche und verschlingen zum Beispiel eine große Portion Mais mit Bohnen, Speck und natürlich mit leckeren Frankfurter Würstchen.

Mais-Bohnen-Speck-Pfanne

Für 4 Portionen
100 g Bacon (Frühstücksspeck) • 400 g gekochte Pellkartoffeln vom Vortag • 1 Dose Gemüsemaiskörner • 1 Dose Kidneybohnen • Salz • schwarzer Pfeffer • 4 Paar Frankfurter Würstchen • 4 Frühlingszwiebeln

Den Bacon in einer großen Pfanne knusprig braten und auf Küchenpapier entfetten. Die gepellten Kartoffeln würfeln und im Speckfett goldgelb braten. Die Maiskörner und Kidneybohnen abgießen. Die Bohnen unter kaltem Wasser abspülen. Mais und Bohnen zu den Kartoffeln geben und erhitzen.

Die Gemüsepfanne mit Salz und frisch gemahlenem Pfeffer abschmecken. Die Würstchen in siedendem Wasser 5 bis 8 Minuten ziehen lassen. Die Frühlingszwiebeln putzen und in feine Scheiben schneiden. Den Bacon sehr grob hacken und mit den Frühlingszwiebeln unter die Gemüsepfanne heben. Die heißen Würstchen dekorativ darüber legen oder nach Belieben klein schneiden.

Asien

Die asiatische Kochkunst ist seit vielen Jahren auch bei uns Langnasen beliebt. Die Küche gilt als leicht, bekömmlich, wohlschmeckend und schick. Wir wollen hier aber nicht soweit gehen und die beliebten Sushi zusammen mit Frankfurter Würstchen auf einem Lacktablett anrichten. Nach einigen Experimenten ist es mir gelungen, den Geschmack Asiens mit Frankfurter Würstchen auf wohlschmeckende Art zu verbinden.

Knusper-Würstchen mit Sesamdip

Für 4 Portionen

2 Eiweiß • 2 EL Maisstärke (Mondamin) • 4 Paar Frankfurter Würstchen • Erdnussöl zum Ausbacken • 1 EL Sesam • 1 Frühlingszwiebel • 1 kleine rote Chilischote • 6 EL Thai Chili Sauce (süßsaure Sauce) • 1 TL dunkles Sesamöl • 1 TL gehackter Ingwer

Die beiden Eiweiße halb steif schlagen und mit dem Maismehl mischen. Die Frankfurter Würstchen trockenreiben und schräg in etwa 3 Zentimeter lange Stücke schneiden. Die Würstchen in den Teig legen und 30 Minuten kühl stellen. Reichlich Öl in einem hohen Topf oder in einer Fritteuse erhitzen. Die Würstchen etwas abtropfen lassen und in dem heißen Öl frittieren. Auf Küchenpapier entfetten.

Den Sesam in einer fettfreien Pfanne leicht rösten. Die Frühlingszwiebel sehr fein hacken. Die Chilischote mit oder ohne Kerne wie die Frühlingszwiebel fein würfeln. Sesam, Chilischote und Frühlingszwiebel mit der Thai Chili Sauce, dem Sesamöl und dem frisch gehackten Ingwer verrühren. Den Dip getrennt zu den frittierten Würstchen reichen.

Der Wok ist ein in weiten Teilen Asiens beliebtes Kochgeschirr. Er wird über einem offenen Feuer erhitzt. Bei uns gibt es spezielle Woks, die auch für den Elektroherd geeignet sind. Wer keinen Wok besitzt, bereitet das Gemüse in einer Pfanne zu.

Wokgemüse mit Frankfurter Würstchen

Für 4 Portionen

1 Stange Lauch • 1 rote Paprikaschote • 100 g Zuckerschoten • 200 g frische Shiitakepilze • 2 Stangen Staudensellerie • 100 g frische Sojasprossen • 1 grüne Chilischote • 4 Paar Frankfurter Würstchen • 1 TL gehackter Ingwer • 2 EL Sojasauce • Salz • 1 TL Sichuanpfeffer • 2 EL gesalzene Erdnüsse

Das Gemüse putzen und bei Bedarf schälen und waschen. Den Lauch, die Paprikaschote und die Zuckerschoten in Streichholz große Stifte schneiden. Die abgefädelten Selleriestangen in dünne Scheibchen schneiden. Von den Shiitakepilzen die Stiele entfernen und die Pilzhüte in schmale Streifen schneiden. Die Sprossen unter heißem Wasser abspülen. Die Chilischote in dünne Ringe schneiden.

Zunächst 2 Esslöffel Öl im Wok erhitzen und das Gemüse mit Chilischote und Sprossen in 3 Schritten im Wok kurz braten und herausnehmen. Die Frankfurter Würstchen in Scheiben schneiden. Das restliche Öl in den Wok geben und die Würstchen darin kräftig anbraten. Das gebratene Gemüse mit dem frisch gehackten Ingwer und der Sojasauce dazugeben. Das Gemüse mit Salz abschmecken. Alles noch einmal erhitzen.

Den Sichuanpfeffer im Mörser zerreiben und mit den grob gehackten Erdnüssen über das Wokgemüse streuen.

Reis ist in Asien ein Grundnahrungsmittel, das täglich auf den Tisch kommt. Und so wie die Europäer aus der unscheinbaren Kartoffel sehr viele köstliche Gerichte zaubern, so lässt sich auch Reis auf vielfältige Art zubereiten. Pilau, der gebratene Reis, ist eine in Indien beliebte Speise. Das verwendete Gemüse richtet sich nach dem Marktangebot.

Gebratener Reis

Für 4 Portionen
250 g Basmatireis • Salz • 1/2 rote Paprikaschote • 1/2 grüne Paprikaschote • 1 dicke Möhre • 1 rote Chilischote • 100 g braune Champignons • 5 EL Butterschmalz • 2 EL getrocknete Garnelen (Asialaden) • 1 Tasse tiefgefrorene Erbsen • 2 Eier • 3 Paar Frankfurter Würstchen • Kreuzkümmelpulver • Kurkumapulver • Korianderpulver • etwas Koriandergrün

Den Reis gründlich unter fließendem Wasser waschen und auf einem Küchentuch ausgebreitet trocknen lassen. Den getrockneten Reis in einen Topf geben und mit so viel Salzwasser begießen, dass es 3 Zentimeter über dem Reis steht. Den Reis bissfest garen, bei Bedarf abgießen und ausdampfen lassen.

Die Paprikaschoten und die Möhre mit einem Sparschäler schälen und fein würfeln. Die Chilischote in feine Ringe schneiden. Die Champignons blättrig schneiden. Etwa 4 Esslöffel Butterschmalz in einer großen Pfanne erhitzen und das Gemüse mit den getrockneten Garnelen darin 5 Minuten schmoren. Die Erbsen in wenig Salzwasser in etwa 5 Minuten garen und abgießen.

Den Reis mit den Erbsen zum Gemüse geben und so lang erhitzen, bis der Reis wieder heiß ist. Die Eier mit etwas Wasser und Salz verrühren. Das restliche Butterschmalz in einer kleinen Pfanne erhitzen und ein Rührei herstellen. Die Frankfurter Würstchen in siedendem Wasser 5 bis 8 Minuten ziehen lassen. Den gebratenen Reis mit dem zerpflückten Rührei und den Würstchen mischen. Den Reis mit Salz, Kreuzkümmel, klein geschnittenen Kurkuma, Koriander und etwas klein geschnittenem Koriandergrün abschmecken.

Frühlings- oder Glücksrollen sind auch bei uns begehrte kleine Happen. Die spröden Reisplatten müssen in Wasser oder feuchten Tüchern eingeweicht werden, damit sie gefüllt und gerollt werden können. Risse und Löcher lassen sich leicht flicken. Damit die Hülle schön knusprig wird, muss das Öl recht heiß sein.

Würstchen im Reisblatt mit Wasabidip

Für 4 Portionen

8 große runde Reisteigblätter • 4 Frühlingszwiebeln • 4 Paar Frankfurter Würstchen • Erdnussöl zum Braten • 150 g Sahnejogurt • 1 TL Wasabipulver oder Wasabipaste • Salz • Zucker • 2 Tomaten • 1/2 Bund Radieschen • 1/2 Salatgurke • 1/2 Chinakohl • 3 EL Olivenöl • 2 EL Limettensaft • etwas Koriandergrün

Die Reisteigblätter in sehr feuchten Küchentüchern aufweichen. Die Frühlingszwiebeln putzen, den dunkelgrünen Teil fein schneiden und beiseite legen. Jeweils 1 Frankfurter Würstchen und 1/2 Frühlingszwiebel in 1 Reisteigblatt wickeln. Reichlich Erdnussöl in einer Pfanne erhitzen und die eingewickelten Würstchen rundherum knusprig braten.

Den Sahnejogurt mit dem Wasabipulver oder der Wasabipaste verrühren. Mit Salz und Zucker abschmecken. Die Tomaten und Radieschen putzen und waschen. Die Salatgurke schälen, alles klein schneiden. Den Chinakohl putzen, waschen und gut abtropfen lassen, dann in schmale Streifen schneiden. Den Salat auf einer Platte anrichten. Zwiebelgrün darüber streuen. Das Öl mit Limettensaft, Salz und Koriandergrün mischen und über den Salat träufeln. Die Würstchen in der knusprigen Teighülle dazulegen und den Dip getrennt dazu reichen.

Verzeichnis der Rezept

Die Autorin Kristiane Müller-Urban

stammt aus Hamburg, ist aber seit Jahrzehnten eine überzeugte Offenbacherin. Als Redakteurin und Lektorin hat sie viele Jahre in Frankfurt gearbeitet und gegessen – leidenschaftlich gern Frankfurter Kranz und Frankfurter Würstchen. Als umtriebige Kochbuchautorin und Reiseschriftstellerin treibt es sie auch in die Küchen anderer Leute und Länder, um zu kosten und zu testen. Zu Hause in ihrer Versuchsküche werden neue und alte Gerichte gekocht, abgeschmeckt und so lange verändert, bis der Geschmack überzeugt. Auf diese Art ist manch neues Rezept kreiert worden. Im Societäts-Verlag sind einige Freizeitführer der Serie „Freizeit & Spaß“ und auch die Bücher „Hessen für Verliebte“ – Liebe geht bekanntlich durch den Magen – und „Hessen für Eisenbahnfreunde“ erschienen, die sie zusammen mit ihrem Mann Eberhard Urban verfasst hat. Ganz allein hat sie bislang mehr als 80 Kochbücher veröffentlicht.

Der Maler Horst Baerenz

wurde in Frankfurt geboren, wo er in der Societäts-Druckerei seine Prüfung als Tiefdruck-Farbretuscheur ablegte – ein solider Grund für seine Zeichnerei und Malerei. Baerenz, Mitbegründer der in die Kunstgeschichte eingegangenen Gruppe Patio, ist wegen seiner oft kühnen Bilderfindungen bekannt geworden. Ausstellungen von seinen Bildern und Objekten sorgten von Dublin über Frankfurt bis Peking für Aufmerksamkeit und Aufregung. Sein untrügliches Auge und seine sichere Hand stellte er von 1968 bis 1972 als Zeichner dem Deutschen Archäologischen Institut bei Ausgrabungen in Ägypten zur Verfügung. Als Freund und Kenner der japanischen Kunst arbeitet er wie Hokusai und Hiroshige an einem Zyklus zum heiligen Berg Fuji, der auch in diesem Buch nicht fehlen durfte. Sein umfangreiches Wissen taucht manchmal als Anspielung in seinen Bildern auf. Als freier Maler und Grafiker für zahlreiche Firmen lebt und arbeitet er inzwischen in Offenbach am Main.